教科書には載らない

真実の日本史

別冊宝島編集部 編

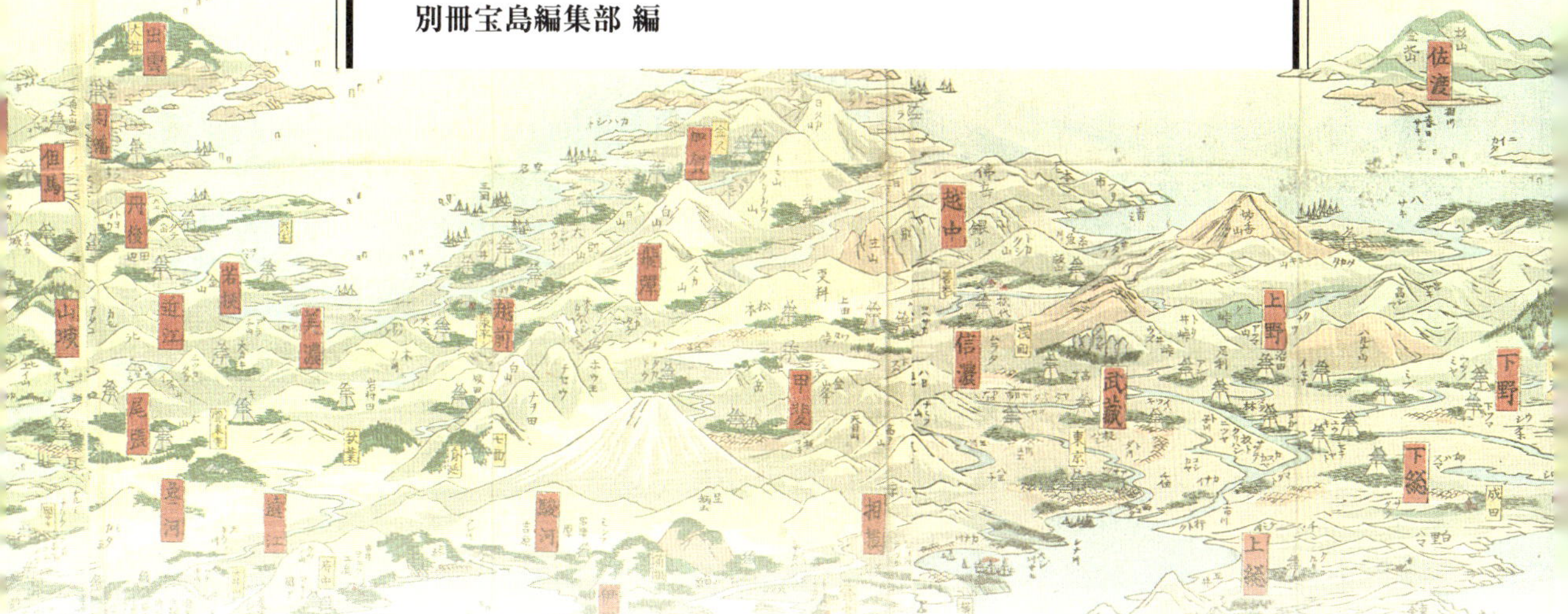

JN183702

宝島社

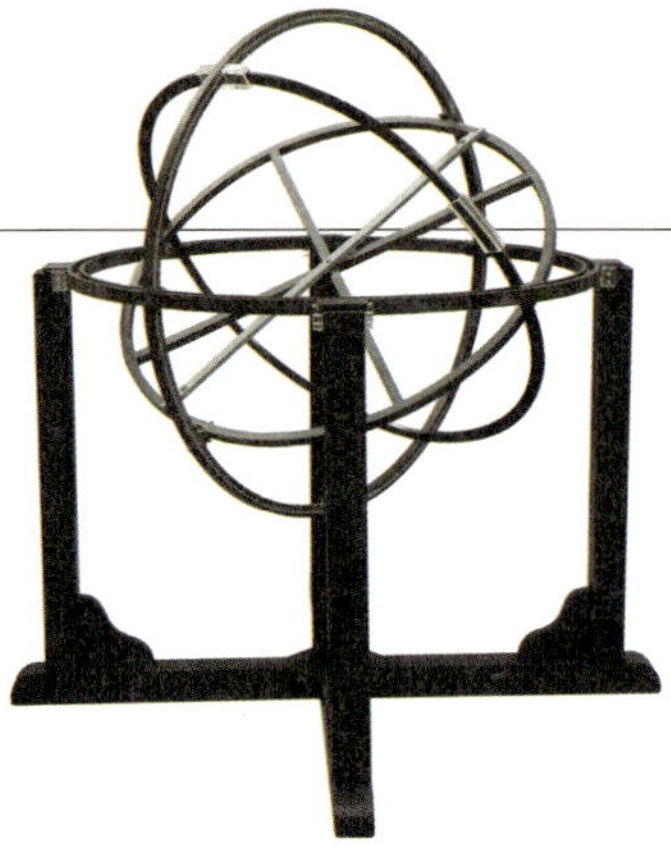

教科書には載らない
真実の日本史

別冊宝島編集部 編

第1章 学校では教えてくれない封印された日本史

第2章 意外と知らない あの英雄の驚きの末路&怪事件

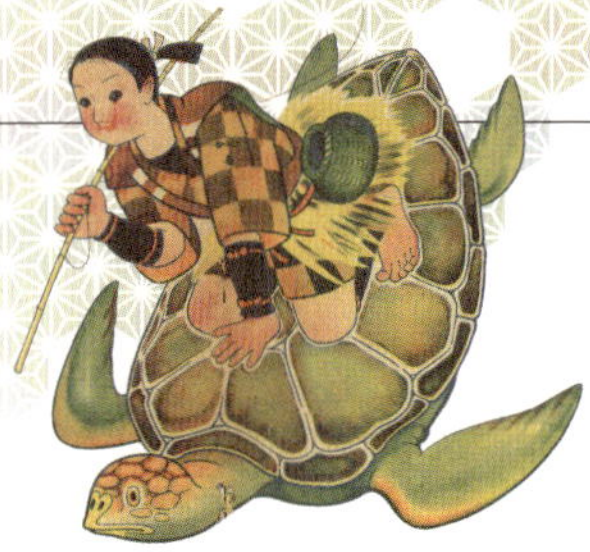

第3章 解き明かされる古代の謎

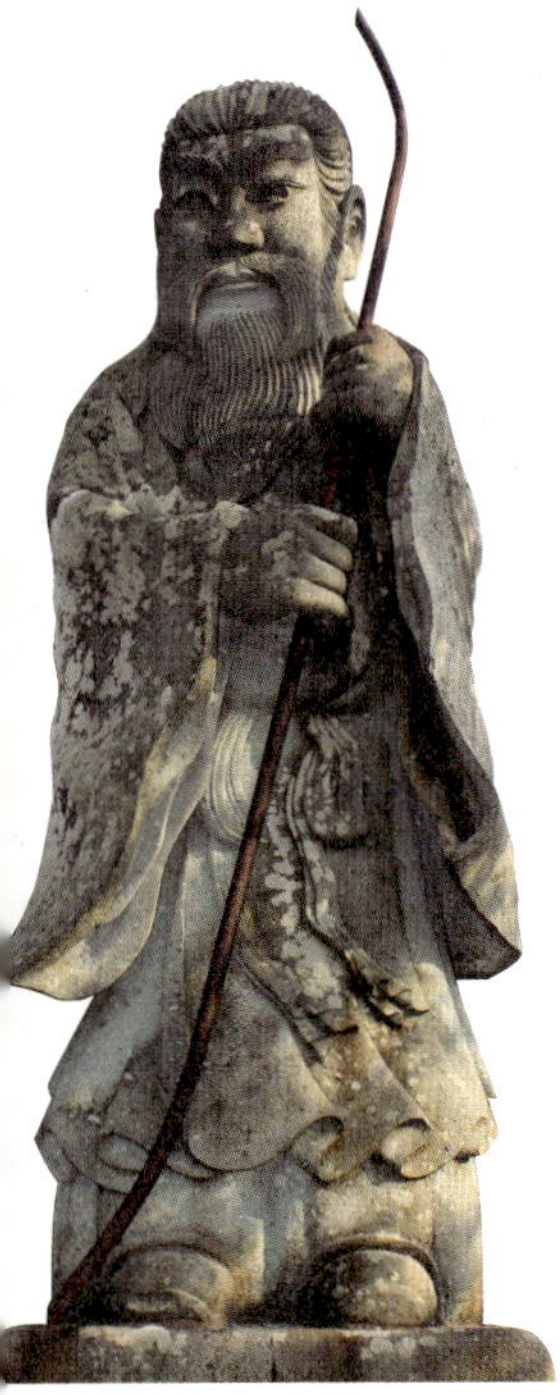

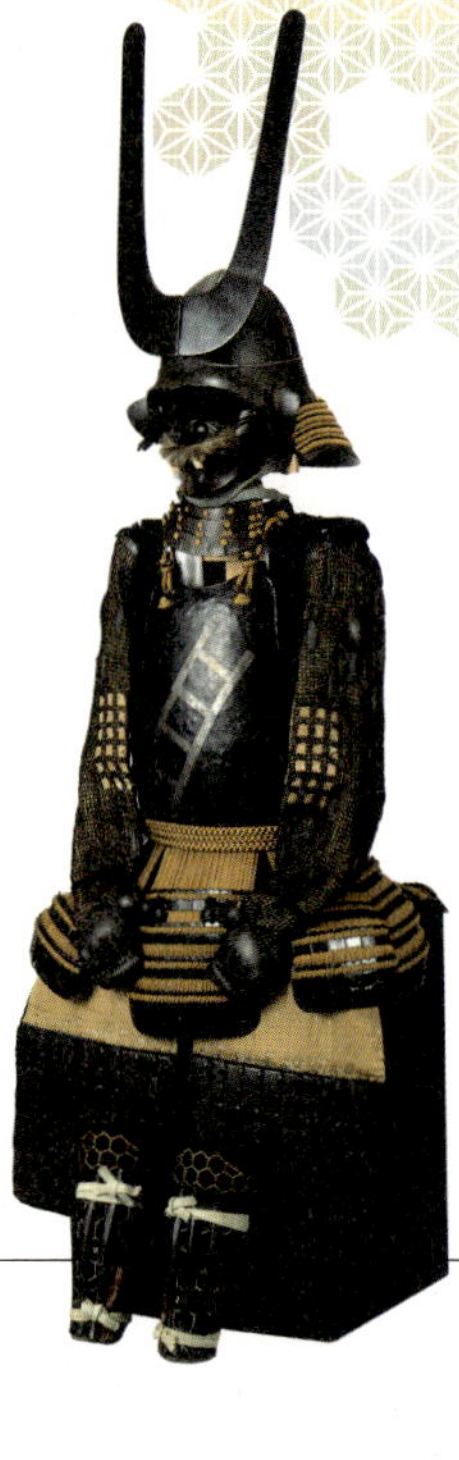

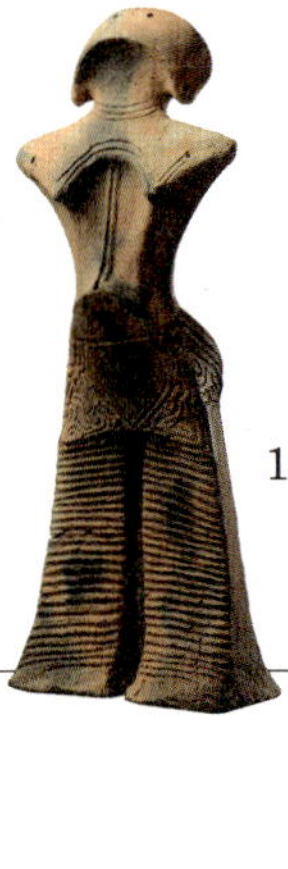

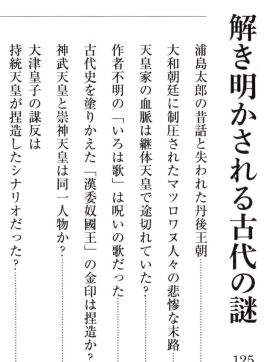

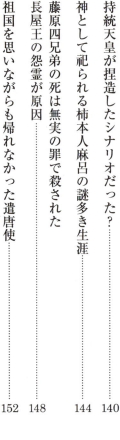

第1章

学校では教えてくれない封印された日本史

流刑にされた天皇と皇子たち

流刑地での暮らしとは？

死罪に次いで重い罰とされた流刑。政治闘争に敗れた天皇や皇子らも、流刑に処されることがあった。彼らの流刑地での暮らしとはどのようなものだったのか。流刑に至るいきさつとともに紹介する。

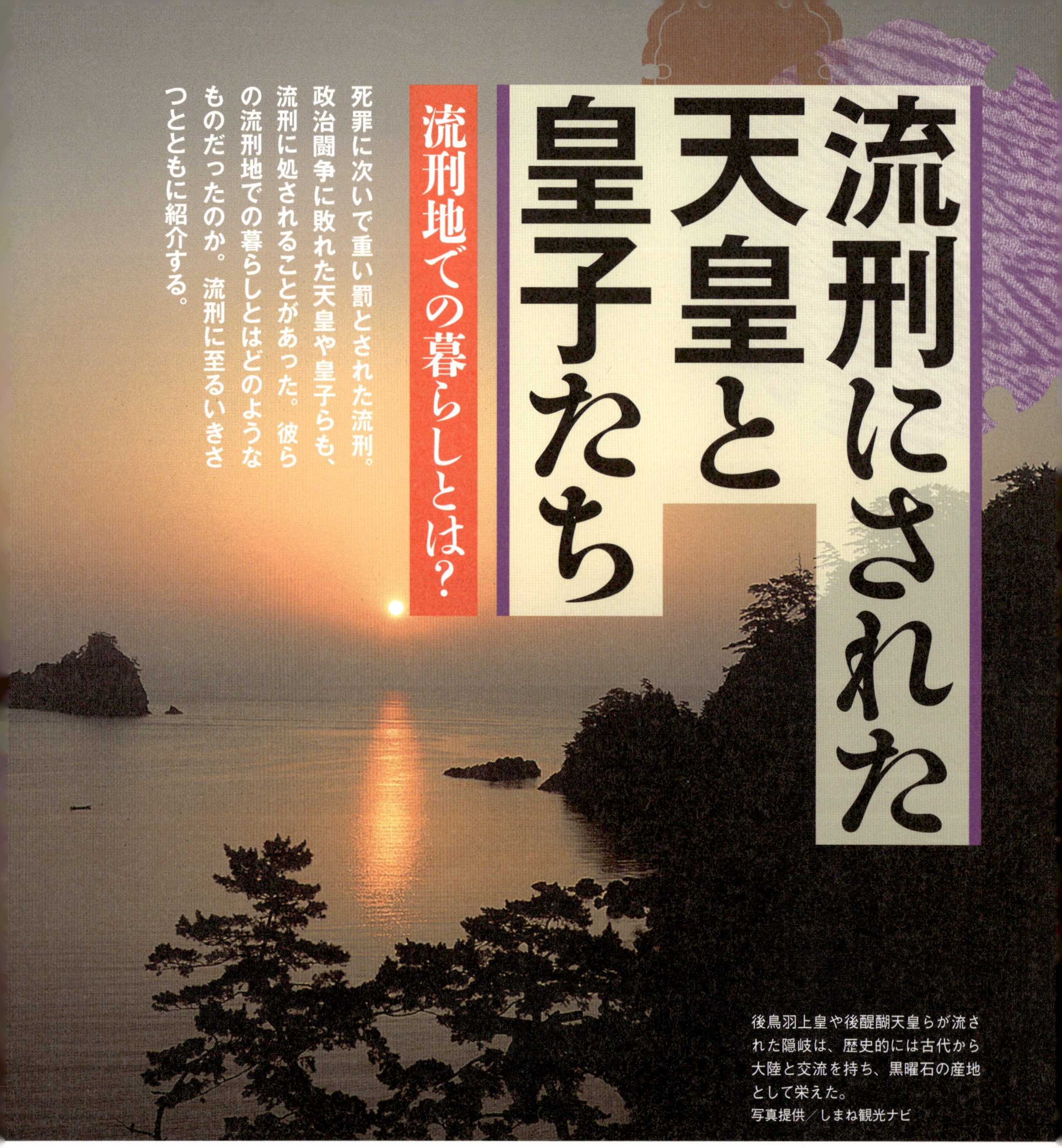

後鳥羽上皇や後醍醐天皇らが流された隠岐は、歴史的には古代から大陸と交流を持ち、黒曜石の産地として栄えた。
写真提供／しまね観光ナビ

淡路島に流された淳仁天皇の末路

昔は流刑に処せられた天皇や上皇、皇族が何人もいた。罪人を辺境の地や島に送る流刑は死刑に次いで重く、現代の無期懲役に相当する刑罰だった。

これまでの歴史の中で暗殺された天皇はいたが、死刑に処された天皇はいない。しかし、流刑者が落ち武者狩りに遭って命を落としたという記録がいくつもあることから、当時の人々は流刑が死刑に相当する刑罰だと認識していた。

天皇の流刑が頻発したのは武家が台頭した平安時代末期から鎌倉時代にかけてだが、古くは奈良時代に第47代淳仁《じゅんにん》天皇が淡路《あわじ》島に流されている。

天平宝字《てんぴょうほうじ》2年（758）、孝謙《こうけん》女帝から位を譲られて即位したが、政治の実権は藤原仲麻呂（恵《え》美押勝《みのおしかつ》）が握っていた。ところが仲麻呂にとって強力な後ろ盾だった光明《こうみょう》皇太后（第45代聖武天皇

父の後醍醐天皇や足利尊氏らと反目し、
東光寺の土牢に幽閉されたといわれる
護良親王を描いたもの。
「後醍醐天皇第三皇子大塔宮護良親王誦読於鎌倉土牢法華経図」国立国会図書館所蔵

の皇后）が亡くなると、孝謙上皇と淳仁天皇・仲麻呂の仲が険悪になっていく。

そして天平宝字8年（764）9月、追い詰められた藤原仲麻呂が平城京を脱出し、兵を挙げようとする。だが、上皇の軍に包囲され、仲麻呂は一族郎党もろとも殺された。淳仁天皇自身は反乱に荷担しなかったが、「仲麻呂と関係が深かった」という理由で天皇の位を降ろされ、母親とともに淡路へ流された。

その後、上皇は重祚《ちょうそ》して称徳《しょうとく》天皇となったが、淡路の廃帝《はいてい》のもとに通う官人も少なくなかった。流刑に処せられても、隠然たる権力を有していたのだ。そして天平神《じん》護《ご》元年（765）10月、廃帝は淡路島からの脱出を図ったが失敗し、翌日亡くなった。公式記録では病死とされているが、実際は殺害された可能性が高い。葬式を行ったという記録もなく、「淳仁天皇」の諡号《しごう》がつけられたのは明治に入ってからのことだった。

歌舞伎でも知られる俊寛《しゅんかん》の流刑

後白河法皇の側近だった僧の俊寛が、平家打倒の企みが露顕し、流されたのが鬼界ヶ島。ひとり島に残された俊寛が絶望し高台で叫ぶという歌舞伎の演目としても有名で、流刑先での悲惨な暮らしがうかがえる。

「俊寛僧都於鬼界嶋遇康頼之赦免羨慕帰都之図」
国立国会図書館所蔵

怨霊と化して人々に災いをもたらした崇徳院

歴代天皇の中で、特に怨霊として恐れられたのが第75代崇徳《すとく》天皇である。白河《しらかわ》院政の末期に5歳で即位したが、父の鳥羽《とば》上皇によって退位に追い込まれた。一説には崇徳の実父は白河院で、鳥羽院とは叔父・甥の間柄だったともいわれている。

そして、保元《ほうげん》元年（1156）7月2日に鳥羽院が亡くなると、崇徳院は藤原頼長《よりなが》らと共謀し、政治の実権を握るために挙兵する。だが夜襲攻撃を受けて敗北し、仁《にん》和《な》寺《じ》に逃れて落飾した。7月23日、崇徳院は数十名の兵が警護するなか、讃岐《さぬき》国に護送された。このとき同行したのは中宮の兵衛佐局《ひょうえのすけのつぼね》と女房数人だけで、みすぼらしい牛車に乗せられての御幸《ごこう》だった。草津で屋形船に乗り込むと外から鍵をかけられるなど、囚人同様の扱いを受けていた。

以後、長寛《ちょうかん》2年（1164）に崩御するまでの8年間を讃岐で過ごしているが、『保元物語』には崇徳院の讃岐での日々が次のように記されている。

崇徳院は軟禁生活中に仏教に傾倒し、五部大乗経（法華経・華厳《けごん》経《きょう》・涅槃経《ねはんきょう》・大集経《だいじっきょう》・大品般若《だいぼんはんにゃ》経《きょう》）の写経に没頭していた（血で書いたという説も）。また地元に

隠岐・黒木御所跡

黒木神社にある後醍醐天皇の行在所の候補地の一つ。鎌倉幕府に敗れた後醍醐天皇は、この別府の天皇山に流罪され、脱出するまでの約1年間をここで過ごしたとされる。

写真提供／フォトライブラリー

隠岐神社・後鳥羽上皇御火葬塚

後鳥羽上皇が隠岐での行在所としたという源福寺は、上皇が崩御された地でもあり、火葬塚が残されている。また、この跡地には、皇紀2600年の奉祝に向けて隠岐神社が創建されている。

伝わる史料類によると、讃岐での日々は割と自由で穏やかだったという。近くの海岸へ散策に出かけたり、近隣の武士を集めて射芸を楽しむこともあった。

さらに崇徳院は郊外にも足を運び、伊予国道後にある石手寺の桜を観賞したという記録も残っている。このほか、長寛元年（1163）には金刀比羅宮《ことひらぐう》に参詣したと伝承されている。崇徳院は罪人ではあったが地元民からは慕われており、みな真摯に崇徳院のお世話をした。

流刑地で五部大乗経を書写し終えた崇徳院は、保元の乱で亡くなった人たちを供養するため、完成した写本を京の寺に納めてほしいと朝廷に頼んだ。だが後白河《ごしらかわ》上皇の側近・藤原信西《しんぜい》が「この写経には崇徳院の呪いがかけられているかもしれない」と言ったため、写本の納本は却下されてしまう。

写本の受け入れが断られたことを知った崇徳院は大いに憤慨し、「後世のために書いた大乗経の置き場所もないのであれば、我が生きていても仕方ないだろう」と述べた。そして舌を噛み切り、「我の大乗経を写経した功徳を三悪道（悪行を重ねた人が死後に行く世界「地獄道」「餓鬼道」「畜生道」の総称）に投げ打ち、日本国の〝大魔縁〟（魔物）となる」と宣言した。

その後、崇徳院は爪や髪を伸ばし続けて夜叉のような姿になり、都では「崇徳院は生きながら天狗になった」という噂が流れた。気になった後白河上皇は側近の平康《やす》頼《より》を崇徳院のもとに遣わしたが、康頼は崇徳院の身の毛もよだつ凄まじい姿を見て怖気付き、何も申せないまま引き返したという。

以上が『保元物語』で語られている崇徳院のエピソードだが、創作であって史実ではなかったといわれている。上皇の崩御後、大火や大地震、源平の争乱などが相次いだため、人々は崇徳院の怨霊をおそれるようになった。だがその一方で、四国全体の守り神であるという伝説も生まれた。

3人の上皇が隠岐、佐渡に流される異常事態が勃発

隠岐を脱出した後醍醐天皇

鎌倉倒幕を計画した後醍醐天皇が流刑先の隠岐を脱出し、京に戻る場面を描いたもの。足利尊氏を味方につけた天皇は、北条氏を滅亡させ鎌倉幕府を倒すことに成功する。その後、尊氏と反目して幽閉され、ついには吉野で南朝を開いた。
「後醍醐天皇京都環幸」萩原達義画、神宮徴古館所蔵

承久の乱で流された3人の上皇のその後

鎌倉に幕府が開かれると、武家の力が朝廷をしのぐようになる。承久《じょうきゅう》3年（1221）、幕府に不信感を抱いた後鳥羽《ごとば》上皇が幕府執権・北条義時《よしとき》を追討する院宣《いんぜん》を発して兵を挙げたが、西進する幕府軍には歯が立たず、京を制圧されて敗れ去った。

敗戦後、首謀者である後鳥羽上皇は隠岐《おき》国に流された。後鳥羽院の第3皇子で幕府打倒に積極的だった順徳《じゅんとく》上皇も佐渡《さど》国に配流され、亡くなるまでの22年間を同地で過ごした。当初は佐渡島内に御料地を与えられて扶持米で暮らしたが、その後は土地を耕して自活の道を歩んだ。

順徳院は在京時代からのライフワークである歌論集『八雲御抄《やくもみしょう》』の執筆作業に取り組んだが、一方で再び京へ帰ることを夢見ていた。だが最期まで帰京は叶わず、仁治《にんじ》3年（1242）、46歳で寂

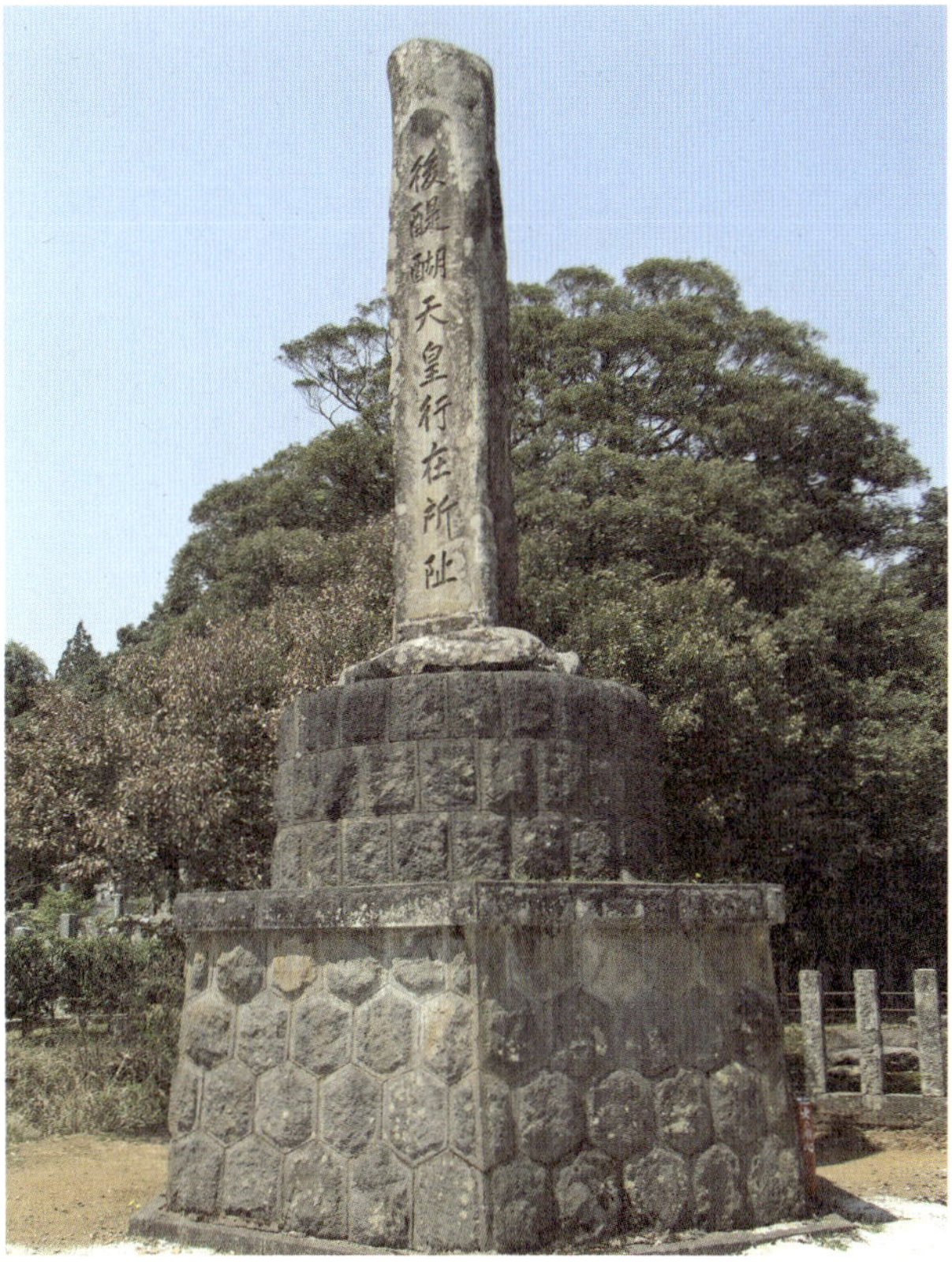

隠岐国分寺・後醍醐天皇後行在所跡

聖武天皇の詔によって建立された隠岐第一の寺。かつては本堂、鐘楼、三重塔・仁王門などを持つ立派な寺だった。御醍醐天皇の行在所のもう一つの候補地となっている。

写真提供／フォトライブラリー

江戸の流刑地・八丈島

江戸時代になると、幕府や各藩ごとに流刑地が定められた。主なものでは、江戸幕府の場合、京や大坂など西日本の天領の流刑者を隠岐、壱岐に、東日本の天領の流刑者を八丈島や伊豆七島に流した。

写真提供／フォトライブラリー

しく崩御した。帰京の望みがないことを悟り、自ら食を断って餓死したとも、焼石を頭に乗せて自決したともいわれている。

後鳥羽上皇の第1皇子である土《つち》御《み》門《かど》上皇は承久の乱に直接関与しなかったが、「後鳥羽院が隠岐に流されたのに、自分だけ京にいるのはしのびない」と自ら流刑を希望する。そして土《と》佐《さ》国へと配流されたが、その後、より都に近い阿《あ》波《わ》国へと移されている。

土御門上皇は討幕に消極的だったため、幕府は配流先でも宮殿を建てるなどして厚遇する。承久の乱の首謀者だった後鳥羽院や順徳院とは対照的な扱いだった。上皇は寛喜3年（1231）に崩御したが、11年後に遺児の邦仁親王が後《ご》嵯《さ》峨《が》天皇として即位している。

一方、隠岐に流された後鳥羽上皇は幕府に強い恨みを抱き続け、京に戻る望みを捨てていなかった。文暦《ぶんりゃく》2年（1235）には摂《せっ》政《しょう》の九《く》条《じょう》道《みち》家《いえ》が後鳥羽上皇と順徳上皇の帰京を提案したが、幕府は受け入れなかった。帰京の望みが絶たれた上皇は絶望し、「この世の妄念にひかれて魔縁になることがあれば、この世に災いをなすだろう」と自ら怨霊になることを宣言したという。

延応《えんおう》元年（1239）、後鳥羽院は帰京が叶わぬまま隠岐で没した。その後、幕府の実力者が次々と亡くなったため、後鳥羽院の霊を慰める動きが活発になる。さまざまな供養や上皇ゆかりの建物の保護が行われ、その規模は徐々に大きくなった。

ちなみに後鳥羽上皇の皇子2人も配流処分を受け、雅成《まさなり》親王は但《たじ》馬《ま》国、頼《より》仁《ひと》親王は備《び》前《ぜん》国に流されている。頼仁親王は同地で40年以上過ごした。一方、雅成親王は後鳥羽院の崩御後に帰京したが、すぐに但馬国に送り返された。

その後、後醍醐天皇が討幕を計画したが失敗し、隠岐に流されている。しかし、島からの脱出に成功して再び挙兵。ついに鎌倉幕府を倒すことに成功した。

家康の軍事の師匠は今川義元だった？

徳川家康の軍事の才は人質時代に培われた

今川義元というと、武士でありながら貴族のような生活をして、桶狭間の戦いで無残に敗れた情けない大名というイメージが強い。しかし、徳川家康が天下人となれたのは、今川家に人質に出され、義元や軍師・太原雪斎に学べたことが大きかった。

「徳川家康肖像」堺市博物館所蔵

家康の権謀術数の才能は人質時代に磨かれた

家康の強さの秘密は何か。

その75年の生涯は、①誕生から人質時代（〜19歳）、②独立と信長同盟期（〜41歳）、③五ヶ国〈三・遠・駿・信・甲〉大名時代（〜45歳）、④秀吉への臣従と江戸入府（〜57歳）、⑤関ヶ原の戦い・大坂の陣と江戸幕府設立（〜75歳）と概ね5つに分かれる。

五ヶ国時代を除く57歳までの生涯は、一貫して今川・織田・豊臣の「傘の下」である。前半生の家康はこうした巨大勢力へ、律儀に従順に協力する一大名でしかなかった。生涯の戦いの大半は手伝い戦であり、信長、秀吉に比肩する軍略（戦略）家としての力量は計りづらい。

若き日の大高城《おおたかじょう》の兵糧入れ、掛川城攻略戦など、いずれも無数の戦国合戦のワン・オブ・ゼムに過ぎないし、正直家康以上の戦上手は何人もいる。五ヶ国時代にしても、甲斐《かい》・信濃《しなの》の平定は本能寺の変のドサクサの火事場泥棒めいて

「大日本歴史錦繪・桶狭間合戦」国立国会図書館所蔵

いる。

有名な合戦の中では、徳川軍の奮闘が伝えられる姉川《あねがわ》の戦いがあるが、どうも近年は後世の脚色を取り沙汰されることが多い。惨敗となった三方ヶ原《みかたがはら》の戦いも高評価は難しい。唯一、小牧《こまき》・長久手《ながくて》の戦いでは非凡な軍才を示しているが、これも最終的には勝ち戦ではない。

結局、軍略家としての才能が開花しているのは、やはり関ヶ原の戦いと大坂の陣なのである。関ヶ原からは、徹底的な多数派工作への努力、ズバリ「数は力」という強い信念が読み取れ、大坂の陣では方広寺《ほうこうじ》鐘銘事件の際のような「目的のためなら何でもする」という権謀術数主義がみえる。

また、関ヶ原・大坂とも高齢を押して前線に立っている点は特筆しておきたい。これぞ現場・現物・現実を重視する三現主義だ（現代ではホンダの企業文化として知られる）。「現場に直接行く」「現物（現状）に直接触れる」「現実を直視する」、頭の中でなく、自らの五感で三つの現を捉えれば、必ず問題の解決策、勝利の道筋は見つかる、とする考え方だ。実は二つの戦いは結構冷や冷やもので、三現主義なくして勝利はおぼつかなかったであろう。関ヶ原の毛利輝《もうりてる》元《もと》、大坂城の秀頼が戦場で不在であったのとは対照的である。

家康が天下人の軍略を培う上で、今川義元《よしもと》が手本となったのは確かである。その関係性を詳しく見てみることにしよう。

信長や家康とは格が違う実力者・今川義元

家康（幼名竹千代《たけちよ》）は三河《みかわ》豪族の松平広忠《ひろただ》の嫡子として、天文《てんぶん》11年（1542）に岡崎城（愛知県岡崎市）に生まれた。松平家は駿《する》河《が》の戦国大名・今川義元の庇護下にある小勢力であったため、同16年に6歳となった家康は、今川氏の本拠・駿府《すんぷ》に送られることとなる。以後14年に及ぶ人質生活の始まりである。

家康という人の原点はこの人質生活にあり、その人格形成が義元膝下《しっか》の少年・青年期に培われたことは、衆目の一致するところだろう。

　さて、今川義元とはどんな武将か。

駿府城
現在、駿府には今川時代の居館などの遺構はまったく残っていない。駿府城は家康が隠居時代を過ごした場所だが、建物は現存せず、外堀や石垣の一部が江戸期の姿を伝えるのみである。近年、巽櫓や東御門、坤櫓などが復元された。
写真提供／フォトライブラリー

　戦国大名今川家は氏親《うじちか》・氏輝《うじてる》・義元・氏真《うじざね》の4代だが、その黄金時代を現出したのは間違いなく義元である。非業の死の直前には、領国の駿河・遠江《とおとうみ》に加え、三河と尾張《おわり》の一部まで席巻し、当時としては珍しい検地、金山開発など内政でも手腕を発揮した。駿府は京風の今川文化の花咲く「東国の都」であり、家康は岡崎とは段違いの文化先進国で、実力者に保護されていたわけである。

　近年はドラマや小説で、織田信長に桶狭間《おけはざま》でみじめに敗れる姿が描かれ、「公家趣味に溺れた軟弱な武将」という扱いもされているが、事実は異なる。義元は戦国大名の中でも足利一族の家格、れっきとした守護であり、信長や家康とは元から格が違う。公家の装いは権威を誇示するための方策であり、その最期にしても自ら抜刀し、武士らしく奮戦していることは注目しておきたい。

　義元の躍進は、先代氏輝とはまったく異なる判断で、隣国の甲斐武田、相模《さがみ》北条に対する軍略を変更した効果が大きい。まず氏輝の〝反武田・反北条〟の姿勢を〝親武田・親北条〟へ変え、続いて武田信玄、北条氏康《うじやす》との和平協定「甲駿相三国同盟」を締結した。これで義元は軍を西へ進めることが可能となり、信玄は謙信との抗争に専念、氏康は武蔵以北へ駒を進めることができた。今風に言えばWin・Winの企業提携だ。

　このとき義元の補佐役として三国同盟を成功に導いたのが、太原《たいげん》雪斎《せっさい》という高僧である。武田の将、山本勘助《かんすけ》は信玄に雪斎のことをこう報告している。「人々は（今川の）家老衆の裁きがたとえよくても、雪斎という物知りの裁きには劣ると考えている」「今川家はことごとく皆、坊主（雪斎）なくてはならぬ家とみんな思っている」（『甲陽軍鑑』）。

　雪斎は義元のブレーンであり、東海地方の禅宗文化の担い手としても活躍した政治・文化の超大物だ。またこの僧は、家康の成長にも欠かせない存在であった。

軍略のベースとなった重鎮・雪斎の英才教育

　話は6歳の家康が駿府に送られたときに戻る。この道中、家康の身柄は強奪され、今川・松平と敵対していた尾張の織田信秀《のぶひで》（信長父）の元に送られる。信秀に内通していた義理の祖父の謀略だった。松平を抱き込みたい今川、今川に頼りたい松平にとって痛恨の出来事だった。

　事態の解決に乗り出したのが他ならぬ雪斎である。雪斎は織田信秀との戦いで先頭に立ち、今川義元に西部方面の総大将を任されていたのである。

　事件から2年後の天文18年（1549）、家康の父広忠が急逝するという事態が勃発した。松平勢の動揺を危ぶんだ雪斎は一計を案じ、数万の大軍を率いて三河へ進軍。松平勢とともに安祥城《あんじょうじょう》（愛知県安城市）に攻め込んだ。安祥城は織田方の三河の重要拠点であ

り、信秀の長男信広《のぶひろ》（信長の腹違いの兄）が守備していた城である。

雪斎は全軍に「信広は生け捕りにせよ」とあらかじめ指示を出し、城を落とした。目論み通り信広を捕虜にした雪斎は、織田方に信広と家康の人質交換を提案したのである。信秀は仕方なくこれに応じ、家康・信広の人質交換は成立した。

いかに義元と雪斎が家康を重視していたかがわかる。岡崎を掌握したとしても、そこには広忠亡き後の松平勢を束ねる存在が必要だったのだ。

さらに義元は駿府に到着した8歳の家康の教育係として雪斎を指名している。単純な人質扱いでなかったことは明らかであり、「将来、竹千代が自分の子氏真の右腕になるべく、育てようとしたのであろう」（小和田哲男『今川義元のすべて』）との見方も強い。もちろん義元の部下に「三河の小せがれ」と詰《なじ》られるなど家康の人質生活は決して優雅なものではなかったが、軍略にも明るい当代一流の学僧・雪斎の薫陶を受けられたことは何より大きかった。

弘治4年（1558）、17歳となった家康は織田方の寺部城《てらべじょう》（愛知県豊田市）の攻略戦で松平勢を率いて初陣を飾る。このとき家康（元信）は「周辺の敵城から備えの軍が来れば由々しき事態。先に枝葉を切ってから、本根を断つべし」とし、周辺の寺部支城を攻め、石ヶ瀬川で水野信元軍を破るという軍功を上げた。

初陣から理詰めの戦いを示した家康。雪斎直伝の兵法は生涯を通じて家康の戦略の根幹となったと考えられる。なお義元は家康の奮戦を賞し、旧領300貫を還付している。

義元死後に岡崎へ帰還して独立した家康は、かつて義元がそうしたように、松平の〝親今川・反織田〟路線を180度変え、信長と同盟を果たす。家康の戦国大名としての嗅覚は、間違いなく駿河という先進国家で研ぎ澄まされたといえる。

戦国最強の武田軍団を継承した家康

強敵・武田信玄の兵法を体得した家康

武田軍に何度も苦しめられながらも、信玄の死後、ついに滅亡に追い込んだ家康。その後、武田の遺臣を服属させることで武田兵法を取り込み、軍事力を強化していった。

「武田信玄像」写真提供／フォトライブラリー

後の旗本制へと繋がる武田の「大番制」

家康の軍略にもっとも影響を与えた武将は、実は武田信玄かもしれない。ただし、家康の信玄に対する思いはかなり複雑なようだ。

天正10年（1582）の甲斐は、武田勝頼《かつより》の滅亡後織田領となったが、直後の本能寺の変で、異常事態へ突入。織田の領主も武田遺臣に殺されたことで、甲斐は一時無領主状態となった。そこで甲斐に進出したのが家康だった。

この際、家康は武田遺臣の鎮撫《ちんぶ》に心を砕き、勝頼の菩提寺《ぼだいじ》を建立したり、武田時代の慣習を踏襲したりすることで帰服を促した。さらに、帰順した武田遺臣は井伊《いい》直《なお》政《まさ》ら譜代の将の下につけ、そのまま家臣団に組み入れた。一連の策で、この年だけで約900名の武田遺臣が服属している。

武田遺臣には信玄の愛弟子曽根昌世《そねまさただ》・市川家光《いちかわいえみつ》や、後の金山奉行大久保《おおくぼ》長安《ながやす》のような人材があり、家康の得るものは大きかった。

また同12年には、武田流の軍法を積極的に採用し、徳川軍制の大胆な改革を行ったことも見逃せない。この年、重臣の石川数正《かずまさ》が出奔して秀吉に臣従するという事件が発生したため、徳川の軍制が筒抜けになることを危

武田軍に大敗

家康は三方ヶ原の戦いで武田信玄に大敗。本多忠真（徳川四天王・忠勝の叔父）が撤退の殿軍をつとめた。忠真は、刀一本で斬り込み討ち死にしたといわれる。

「徳川治績年間紀事・初代安国院殿家康公」

国立国会図書館所蔵

懼した措置だった。

　徳川ではこれまで東三河を束ねる酒井忠次《さかいただつぐ》、西三河の数正を組頭とする二つのグループと、本多忠勝《ほんだただかつ》、榊原康政《さかきばらやすまさ》ら旗本グループを合わせ、「三備《さんぞなえ》」という軍団を構成していた。一方、武田の軍制は「大番制」という。家臣団をグループで組織するのは同じだが、大番制のほうが遥かに数が多い。いくつかのグループ（大番）をリーダーの大番頭が統括するしくみだ。後の旗本制にも繋がる。

　この改革には「三備の軍制を、いっそう整備したもの」という評価がある。編成作業で腕をふるったのは、武田旧臣の成瀬正一《なるせまさかず》、市川家光らだった。

　こうして家康は信玄の人材・システムをそっくり頂き、天下取りの原動力とした。

大名らしからぬ暴挙も…非情な信玄イズムを体得

　桶狭間の戦い後、駿河侵攻を企む信玄は信長・家康と盟約を結ぶ。永禄11年（1568）、信玄は家康へ今川領への同時攻撃を提案した。このとき、大井川を境に信玄は駿河を、家康は遠江を取るという約束だった。

　あっさり駿府を占拠した信玄は、氏真が逃げた掛川城（静岡県掛川市）の攻撃を家康に依頼する。ところが家康が従ったところ、信玄はダーティな動きをした。家臣の秋山信友《のぶとも》を遠江へ侵攻させ、徳川兵と交戦させたのだ。抗議する家康に宛て、信玄は「まったく知らないことでした」と陳謝の手紙を書いている。

　信玄は戦国大名の中でも一、二を争う謀将である。父を追放し、息子を殺したほか、盟約を破り、敵を騙《だま》し討ちにした例も数多い。甲駿相三国同盟さえ自分の都合で破った。当時の大大名でこれほど顰蹙《ひんしゅく》を買った人はいない。いくら乱世でも、ほとんどの大名は世間体というものを気にしたのだ。

　怒れる氏康と家康は結び、謙信と連携して武田に抗戦した。絶体絶命の信玄は信長に武田と上杉の和睦（足利義昭《あしかがよしあき》の調停）を依頼した。信長は了承し、謙信も将軍の斡旋を容れ、信玄は窮地を逃れた。

　しかし、元亀《げんき》3年（1572）、信玄は遠江・三河へ出陣する。有名な西上作戦だが、徳川領への正面切った侵攻はイコール信長との盟約を踏みにじる行為である。当時最低限のマナーだった手切れの通告も一切なしだった。

　信長は謙信宛の手紙で「信玄の行いは前代未聞の暴挙だ。侍の義理を知らず、日本中の嘲笑を顧みないものだ」と憤激している。

関ヶ原の三成誘い出しは信玄の手口と酷似

　続く三方ヶ原の戦いで、信玄は浜松城に籠城する家康に対し、無視するかのように城下を悠々と素通りし、浜名湖西方の三方ヶ原へ向かった。これを見過ごせば、家康は経営まもない遠江の将兵に侮られることは必定だった。

　信玄は時間のかかる城攻めより、家康を誘い出し野戦に持ち込もうとしたとみられる。事実、信玄は三方ヶ原で反転停止し、徳川軍迎撃の準備を整えていた。読み通り誘い出された家康は完膚無きまでに武田軍に敗れた。

　なお、城に逃げ込んだ家康は城門を開け放ち、篝火《かがりび》を焚いて敵を警戒させる「空城の計」を行い、信玄はこれで城攻めをあきらめたともいう。もっとも、開門は逃げてくる兵を収容するためであり、信玄が城を攻めなかったのは、そもそも城攻め自体が計画されていなかったためだろう。

　さて、城攻めを避け野戦に持ち込む手口だが、これは関ヶ原の戦いでの家康の三成誘い出しと酷似している。また、家康が関ヶ原の戦いや大坂の陣で行った数々の謀略もそうだ。一連の内応工作や、方広寺鐘銘の言いがかりなどは、まさに手段を選ばぬ信玄イズムが炸裂《さくれつ》している。後年の悪名を恐れぬ潔さ。それが家康が取り入れた信玄流兵法の真骨頂ではないか。

真田一族に負け続けた徳川家康の復讐

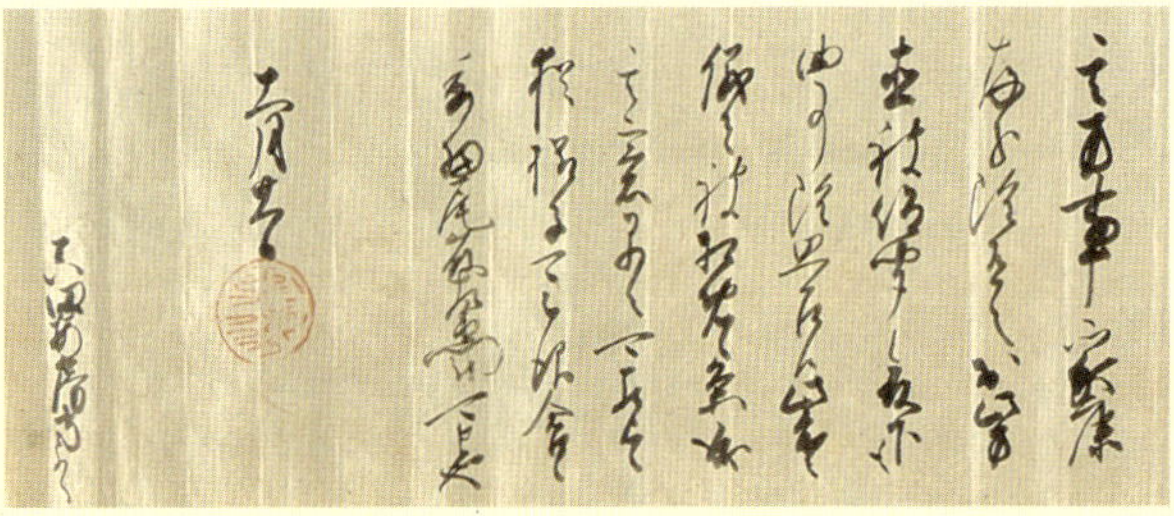

沼田領をめぐって家康や北条氏と対立していた真田昌幸は、そこで上杉景勝を通じて秀吉に接近。写真は秀吉から届いた「家康をとりなしたから上洛せよ」という内容の書状。
真田宝物館所蔵

城を再利用する家康が関ヶ原後に「殺した」城

関ヶ原の戦い後、家康は西軍大名を徹底的に処罰したが、彼らの持ち城に関しては、そのまま新領主を入城させたりして再活用している。そもそも城を壊す必要はないし、壊してはもったいないのだから、当たり前の話なのだが。

宇喜多秀家《うきたひでいえ》の岡山城（岡山県岡山市）、大谷吉継《よしつぐ》の敦賀城《つるがじょう》（福井県敦賀市）、小西行長《こにしゆきなが》の宇土城《うとじょう》（熊本県宇土市）は、みなこのパターンだ。石田三成の佐和山城《さわやまじょう》でさえ、井伊直政を入城させている。

ところが、これに当てはまらない城が二つある。ひとつは織田秀信の岐阜城で、これは時代遅れの山城だったことが理由ともいう。もうひとつが真田昌幸《まさゆき》の上田城（長野県上田市）だ。

昌幸・幸村《ゆきむら》（信繁《のぶしげ》）父子は死一等を減ぜられて改易、高野山（のち九度山《くどさん》）配流となった一方、上田城は徹底的に破壊された。建造物は無論、堀も石垣も土塁も、すべて破却してしまったのだから凄い。

ちなみに岐阜城は櫓などが他城にリサイクルされているが、上田城はこの世から完全に抹殺された。後年、城跡付近に新領主の仙石氏の上田城が造られ、現在は観光客がこの城跡を訪れている。周辺には有名な六連（六文）銭の旗が翻っているが、この城は真田の城ではない。

家康の深い憎悪を感ぜずにいられない処置だが……家康はこうでもしないと腹が収まらなかった。この城で徳川軍は、二度も歴史に残る大敗を喫しているのだ。

関ヶ原の「苦い勝利」が上田城抹殺につながる

昌幸は武田旧臣で、あの信玄をして「我が両眼の如し」（『甲陽軍鑑』）と称えられた知将である。武田滅亡後は上田、上野《こうずけ》沼田を地盤とする独立大名となった。一時家康に降っていたが沼田領をめぐる問題で昌幸は家康を裏切り、上杉景勝《かげかつ》と結んだ。

天正13年（1585）閏《うるう》8月、怒れる家康は鳥居元忠《とりいもとただ》、大久保忠世《ただよ》ら7000の兵で上田城を攻撃させた（第一次上田合戦）。真田軍は嫡男信《のぶ》之《ゆき》含めわずか1200だったという。誰の目にも勝敗は明らかだったが、徳川軍は昌幸の神業のような用兵に手玉に取られ、大惨敗してしまう。『三河物語』には、徳川の兵は「ことごとく腰がぬけはて」「ふるえて返事もしない」という有様で敗走したとある。

信之の沼田の将宛の手紙には「敵1300余人を討ち取った」と書かれている。数字を額面通りには受け取れないが、得意げな信之の表情が浮かぶ。

なお、通説ではこの合戦には次男幸村も参戦していたとされるが、当時幸村は景勝への人質として越後にあった。景勝の協力もあったと考えられるため、幸村は間接的に勝利に貢献したことになる。

家康は再出兵を考えたが、同時期に石川数正出奔という大事件が発生したので、見送らざるを得なかった。こうして家康は弱小真田に金星を与える羽目となった。

二度目の惨敗は、関ヶ原の戦いである。家康は秀忠に3万8000の軍を預け、中山道を西上させた。もちろん上田城攻略は家康の指示があったとみるべきだろう。笠谷和比《かずひ》古《こ》氏、小林計一郎氏ら多くの識者は秀忠軍が譜代家臣を主体としていることから、徳川の「本軍」「本隊」と形容する。秀忠が独断で真田征伐などできるはずもない。なお、信之は東軍に与《くみ》したが、既に信之が本多忠勝の娘と婚姻していたことから、既定路線だったと考えられる。昌幸は東西両軍いずれが勝つにしても真田が残る準備を整えていたのだ。

9月2日、小諸城《こもろじょう》（長野県小諸市）に達した秀忠に対し、昌幸は降伏を申し出た。信用した秀忠は、翌日城へ使者を送って交渉したが上手くまとまらなかった。秀忠は昌幸の時間稼ぎに完全に乗せられていた。秀忠の家臣宛の手紙には「安房守《あわのかみ》（昌幸）は頭をそって降参したいと伊豆守（信之）に泣きついたが、今日になって勝手なことを言い出したので許せない」（同4日付）とある。秀忠は戦う前に、既に3日も足止めを食っている。

翌5日より秀忠は攻撃を開始した（第二次上田合戦）。しかし、城内の昌幸には鉄砲で散々打ちのめされた上、城外では幸村率いる伏兵に翻弄された。徳川方の『烈祖成蹟《れっそせいせき》』には「我が軍大いに敗れ、死傷者は数え切れない」とあるほどの大惨敗だ。

秀忠は8日に上田城攻略を断念して上方へ向かったが、結局15日の関ヶ原本戦には間に合わなかったのである。仮に家康が本戦で徳川「本隊」を前面にして勝ちたいと考えていたとすれば、やはり関ヶ原は「苦い勝利」であり、戦後の上田城抹殺もわかりやすい話となる。

幸村捨て身の突撃に自刃を決意した家康

二度の勝利で真田の名は天下に轟いた。そして14年後の大坂の陣となるわけだが——平山優氏は豊臣方が幸村の大坂入城を望んだ理由として〝「徳川を撃退した真田」の武威を欲したためでしょう〟と述べている（『歴史街道』平成26年12月号）。諸将や世間が家康の天敵＝真田と考えていた公算は非常に大きいだろう。

冬の陣で幸村は、大坂城平野口の外側に「真田丸」という巨大な出城を築き、押し寄せる徳川勢を迎え撃った。幸村は城内と真田丸から〝十字砲火〟の要領で一斉射撃を加え、徳川方を散々に打ち破ることに成功する。冬の陣の徳川の戦死者は少なくとも数千人と考えられているが、全体の5分の4が真田丸での戦いで死んだともいう。

続く夏の陣で幸村は、家康をあと一歩まで追い詰めた。天王寺口で豊臣・徳川両軍は大乱戦となり、奇跡的に家康本陣の備えが手薄になったのを見た幸村は、怒濤《どとう》の勢いで突撃。家康本陣は大混乱となり、大切な馬《うま》印《じるし》まで倒された。これは三方ヶ原以来のことだったとされる。家康は一時、従者と二人で路傍に取り残され、何度も腹を切ろうとしたが側近に押しとどめられたという。

島津氏はこのときの模様を「幸村の突撃は三度に及び、敵兵を三里の彼方に遁走《とんそう》させた」（『薩摩旧記』）と記す。だが、幸村の善戦もここまでで、茶臼山《ちゃうすやま》北の安居《やすい》神社で無名の士に槍《やり》を突かれ、最期を遂げた。

上田城合戦は家康不在の敗北だったが、本人出陣の大坂の陣でも家康は徹底的に真田に苦しめられ、三方ヶ原以来の危機に陥った。やはり武田、その流れを汲《く》む真田は家康の天敵だったのだ。

真田昌幸所用具足

もともとは赤漆塗で、胴の部分に梯子が描かれ「昇梯子の具足」とも呼ばれている。2代藩主・信政も所用した。火災により一度は焼失したが、残った金属を使って修復されている。

「皺革包昇梯子文仏二枚胴具足」真田宝物館所蔵

井伊直政の関ヶ原での行動の裏を読む

徳川四天王・井伊直政 関ヶ原「抜け駆け」の真相

「徳川四天王」の一人として、「赤備え」の軍勢を率いて活躍した井伊直政。彼が家康に厚遇されたのは、単に彼が〝お気に入り〟の存在だったからではなかった。

家康と直政は、ただの主従ではなかった

琵琶湖畔、西国をにらむ要衝に立つ名城・彦根城（滋賀県彦根市）。今に残る豪壮な天守を見ていると、家康がいかに城主の井伊氏と彦根藩に高い信頼を寄せていたかがわかる。その彦根藩の祖が井伊直政である。

井伊氏は遠江井伊谷（静岡県浜松市）で発祥した武家で、戦国時代は今川氏に従属していた。三河譜代ではないのである。

義元の死後、直政の父直親《なおちか》が家康に接近して氏真に殺され、直政は母と諸国を流転。天正3年（1575）、15歳のときに浜松城下で家康と対面し、家臣になったとされる。以後、合戦・内政・外交で抜群の功績をあげ、同10年（1582）には武田遺臣を中心とした一手の大将を任されている。

具足・馬具などをすべて赤で統一した軍勢で、これが有名な〝井伊の赤備《あかぞなえ》え〟だ。元々は武田の将、飯富《おぶ》虎昌《とらまさ》の軍勢が使用していたもの。虎昌の死後、弟で猛将として知られる山県昌景《やまがたまさかげ》が継承し、赤備えは武田の精鋭部隊のシンボルとなっていた。直政隊には昌景の遺臣が加わっており、家康は直政ならその伝統を受け継げると考えたのであろう。直政は期待に応え、小牧の役で大活躍している。

直政は同18年（1590）の家康の関東入国の際、上野箕輪《こうずけみのわ》12万石を拝領。酒井家次（忠次の子）、本多忠勝、榊原康政ら並みいる譜代重臣を押さえ、家中ナンバーワンの高給取りとなった。

三河武士でもなく、キャリアも浅い直政への厚遇ぶりはいったい何だろう。よく言われるのが、家康の寵童説である。『甫庵《ほあん》太閤記』に記されている話で、要するに私情でえこひいきされたという解釈だ。この時代、この手の話は珍しくもなく、信玄と高坂昌信《こうさかまさのぶ》、信長と前田利家《としいえ》などの例もある。

だが、家康はえこひいきをするような大将ではない。関ヶ原後の豊臣系大名の恩賞ひとつとっても、この人が公明正大な人事評価に心を砕く、立派なマネージャーだったことがわかる。関東移封での所領替えもスムーズに行われており（酒井氏除く）、直政の昇進

「徳川家十六善神肖像図」国立国会図書館所蔵

に対する不満も聞かれない。

この点、近年取り沙汰されているのが、家康正室・築山殿《つきやまどの》との姻戚関係である。『井伊年譜』や『寛政重修諸家譜《かんせいちょうしゅうしょかふ》』などを傍証とする説で、築山殿の母が、直政の曾祖父・直平《なおひら》の娘だったというものだ。事実なら家康と直政はただの主従でなかったことになり、忠勝らもそれを十分理解していたことになる。注目すべき説だろう。

関ヶ原の抜け駆けは家康の指示だった？

直政最後の戦いは関ヶ原の戦いである。このときの直政の動きは非常に意味深長なものだった。ポイントは、このとき初陣だった家康四男松平忠吉《ただよし》の存在である。本戦で戦った〝家康の子〟はただこの人のみだ。直政は忠吉の介添役として布陣、行動をともにしていた。なお直政・忠吉隊は約6000の兵力だった。

本戦で先鋒を命じられていたのは福島正則《まさのり》だった。15日早朝、両軍が濃霧の中対峙していたときのことである。午前7時頃、直政は忠吉を連れ、約50騎ともいう少勢を率い、突然正則隊の横を通り抜けようとした。

これを見とがめた福島隊の大道寺直次《なおつぐ》（可児才蔵《かにさいぞう》とも）が行く手を阻んだ。直政は名を名乗り「斥候《せっこう》がしたいので許されよ」と言いつくろい通り抜けた。前線に出た直政は正面の宇喜多隊めがけて突然発砲。宇喜多隊も応戦し、遅れをとった福島隊も慌てて宇喜多隊を射撃した。

これで決戦の火ぶたが切られたわけだが……要するに直政は、天下分け目の大舞台で、確信犯的に〝抜け駆け〟をしたのである。抜け駆けは重大な軍令違反で、処罰対象になることもある。だが、戦後家康は大喜びで、直政を近江佐和山18万石、島津豊久《とよひさ》を討った忠吉には尾張清洲52万石（以前は10万石）へ大加増している。直政の抜け駆けが家康の指示だった公算は極めて大きい。

家康が秀忠を徳川本軍としていたとすれば、その遅参で徳川軍が存在感を放つことは難しくなっていた。そこで家康・直政は、せめて武士として最高の栄誉である先陣を正則から強奪し、実子忠吉に与える必要性を感じたのではないか。正則には最大限の配慮をして、安芸《あき》広島50万石（以前は24万石）を与えていることも興味深い。

大仕事をした直政だが、関ヶ原の戦傷がもとで2年後に42歳で逝去してしまう。井伊家の象徴・彦根城はこの直後に築かれたものであり、残念ながら直政はその威容を目にすることができなかった。

朱漆塗紺糸威桶側《しゅうるしぬりこんいとおどしおけがわ》二枚胴具足
井伊直政が着用したと伝わる。兜には金色の天衝脇立が付いた、朱漆塗の具足。
彦根城博物館所蔵

徳川家康を支える二大武将の謎

生涯無傷の本多忠勝と外交に優れた榊原康政

生涯一度も傷を負わなかったといわれる本多忠勝。武勇だけでなく知略でも知られる榊原康政。家康を支える二大武将の謎に迫る。

関ヶ原の戦いで落馬し頭から落ちている？

家康軍で最強の猛将と伝えられる本多忠勝（通称平八郎）。『甲陽軍鑑』には、三方ヶ原の前哨戦での際立った武勇が記されている。

武田信玄の軍勢が三賀野《みかの》（静岡県磐田市）に進出してきた。徳川勢は迎撃しようとこの地に向かったが、大軍だったので撤退することにした。このとき殿《しんがり》を務めたのが忠勝である。忠勝は黒い鹿の角の前立を飾った兜をかぶり、敵と味方の間に乗り入れて大奮戦、無事に徳川勢を引き揚げさせることに成功した。武田勢も敵の武者ぶりに感嘆したという。

忠勝は桶狭間の戦いで初陣を飾り、三河平定戦で活躍。永禄9年（1566）には55人を配下とする侍大将、同10年には御旗本先手侍大将に抜擢された。以後、関ヶ原の戦いまで、家康のほぼすべての合戦に従軍し、数え切れない軍功をあげている。有名な伊賀越えにも随行し、家康の身を守った。

その後、上総大多喜《かずさおおたき》10万石を経て、晩年には伊勢桑名《くわな》に移封され、桑名藩の初代藩主となった。ただし、内政関係の古文書がほとんどなく、その実像は軍記・伝承によってしか知る術がない。

忠勝の愛槍として有名なのが「蜻蛉切《とんぼきり》」で、穂先に止まったトンボが真っ二つになった逸話がその名の由来である。身長く柄太く、通常の長槍の長さが約4・5メートルだったに対し、蜻蛉切は6メートルもあったという。

晩年、忠勝はこの槍を約90センチ切り捨ててしまった。人々が不思議に思って聞いたところ、「兵杖（武器）は己が力を計って用いるべきものだ」と答えたという（『名将言行録』）。老いた身にとって、あまりに長い槍を使ってはいざ実戦で役に立たない。いかにも忠勝らしい逸話である。

忠勝は生涯五十余度の合戦を戦ったが、かすり傷ひとつ負わなかったという伝説がある。しかし、『関ヶ原合戦図屏風』には、忠勝が落馬して頭から豪快に地面へ突っ込む姿が描かれている。

実は、これは島津隊の敵中突破でぶっ飛ばされた姿である。『図屏風』はあくまで江戸前期頃の絵であり、信頼性には乏しいが、島津隊の力戦を伝える多くの史書も忠勝が落馬していることを記している。これでかすり傷ひとつ負っていないとすれば、むしろスーパーマンとして忠勝を称えたほうがいいのかもしれない。

秀吉に飲み込まれた康政名義の中傷ビラ

本多忠勝と何かと比較される榊原康政（通称小平太）。武力一辺倒の超人・忠勝に対し、知勇兼備の将として歴史に名をとどめている。上野館林《こうずけたてばやし》10万石を与えられ、館林藩の初代藩主にもなった。

榊原氏は伊勢の守護仁木《にっき》氏の流れとされ、一志《いちし》郡榊原村（三重県津市）に住んで榊原氏を名乗ったという。康政の祖父・清長《きよなが》の代で三河上野郷（愛知県豊田市）に移り、家康の父の松平広忠に仕えた三河譜代だ。

康政は幼い頃から勉強好きだった。『寛政重《かんせいちょう》修諸家譜《しゅうしょかふ》』などによれば、永禄3年（1560）、13歳の康政が大樹寺（同岡崎市）で学問をしていたとき、家康に初めて拝謁し、その後、奉公するようになったという。三河一向一揆では16歳で初陣して活躍。以後、合戦では旗本の先手役を任されて武功を顕わし、三方ヶ原の戦いの頃には一手の大将を任されるまでになっている。

「紙本著色本多忠勝像」
良玄寺所蔵
写真提供／千葉県立中央博物館
大多喜城分館

康政が忠勝と違うのは、戦いのたびに名誉の負傷をしていることだろう。遠江平定期の堀川城（静岡県浜松市）攻めや、姉川の戦いなどで手傷を負っており、そのたび家康は康政をいたわっている。

また、吏僚として重用されていることにも注目したい。天正2年（1574）には、上杉謙信との交渉役に抜擢されている。この頃、武田対策に頭を悩ませていた家康にとって、同盟を結ぶ謙信との折衝は極めて重要だった。有能な外交官だったといえよう。

康政で有名なのは、小牧の役で秀吉にあてつけた檄文、中傷ビラである。『藩翰譜』や『榊原文書』によれば、康政は「秀吉は卑しい生まれなのに信長に大恩を受けた。なのに織田家に弓を引く、不義悪逆の至りだ」と自分の名で檄文を書き、これを示した高札《こうさつ》をところどころに立てたという。家康の差し金だろうが、秀吉の出生にかかわるタブー話なので、あえて康政署名にしたのだろう。

激怒した秀吉は「康政の首をとった者には10万石を与える」と宣言するほどだった。その後、両軍が和睦し、家康と朝日姫の婚儀が結ばれたとき、秀吉は康政の上洛を要望した。康政と会った秀吉は、式部大輔《たいふ》に叙任したという。

この年に康政が秀吉の計らいで叙任されたのは事実であり、その後も康政は秀吉の厚遇を受け続け、豊臣家臣としての扱いも受けている。秀吉は中傷を飲み込んで天下人の威厳を示した。康政と家康は策略を逆手に取られた格好かもしれない。

服部半蔵は複数いた！

2代目服部半蔵は忍者ではなかった

「服部半蔵」といえば忍者の代名詞のようにいわれる。しかし、半蔵は歴代当主の通称で、「服部半蔵」は一人だけではなかった。江戸城の半蔵門に屋敷を構えた服部家の出自に迫る。

「徳川家十六善神肖像図」
国立国会図書館所蔵

2代目半蔵の正成 四男ながら家督を継ぐ

伊賀忍者として知られる服部半《はっとりはん》蔵《ぞう》は、時代劇でもおなじみの大スターだ。もっとも、実際に家康に仕え、〝鬼半蔵〟の異名を取った服部半蔵正成《まさしげ》は忍びではないというのが通説で、忍者だったのは正成の父・半蔵保長《やすなが》だったといわれている。ちなみに「半蔵」とは服部家当主の代々の通称であり、保長が初代半蔵、正成が2代目半蔵ということになる。

忍者とは主に間諜など情報収集活動を行う者を指すが、戦国時代にはその任務内容が多様化。夜襲の先導役、放火、兵糧・武器の略奪、暗殺、後方攪乱《かくらん》なども行う専門技術集団となる。大名家に召し抱えられたり、傭兵として報酬を得たり、さまざまな集団があったが、特に伊賀《いが》、近江甲賀《こうが》、紀州雑賀《さいか》の忍者が知られる。明治時代に甲賀14世を称した藤田西湖《せいこ》の研究では、文献上に名がある忍術流派は71流を数えるとされる。

戦国時代、伊賀には「伊賀惣国一揆」という自治共同体があり、その中心が上忍の藤林長門守《ながとのかみ》、百《もも》地《ち》三太夫《さんだゆう》、そして服部郷（三重県伊賀市）の初代半蔵保長だった。

だが、保長は伊賀を転出。一説には室町幕府の第12代将軍・足利義晴《よしはる》に仕えたとされるが定かでない。その後三河に移り、家康の祖父清康《きよやす》と父広忠に従った。

2代目半蔵正成は、家康と同じ天文11年（1542）年に三河で生まれた。しかし、四男だったので幼少時に出家させられ、大樹寺に預けられたが、出奔したという伝承もある。

『寛政重修諸家譜』によれば、正成の初陣は16歳。上郷《かみごう》（宇土《うど》）城《じょう》（愛知県蒲郡《がまごおり》市）攻めのときという。伊賀衆60～70人を率いて城中に忍び込み、戦功を上げたという。

伊賀忍者の修行の場と伝わる赤目四十八滝。
写真提供／フォトライブラリー

江戸城の裏門にあたる半蔵門は、服部半蔵の屋敷があった場所。
写真提供／フォトライブラリー

人数からみて服部勢の大将としての活躍だ。

ただ、この話はやや眉唾ものだ。16歳なら弘治3年（1557）の話となるが、当時の上郷城主は今川方の鵜殿長持《うどのながもち》・長照《ながてる》父子である。家康は駿府にあり、築山殿を娶っていた年だ。ありえない話なのである。

もっとも、永禄5年（1562）に家康の上郷城攻めがあったのは事実であり、初陣の年齢だけが誤りなのかもしれない。だが、この時期には父保長と3人の兄が健在だった（4人とも没年不詳）という見方もあり、本当に大将として活躍できたかどうかに疑問を呈する向きもある。

家康が三河平定後に軍制を整えた際、正成は旗本の足軽大将となった。この時期に家督を継いだ公算が大きいだろう。

元亀3年（1572）の三方ヶ原の戦いで軍功を上げ、家康から槍を贈られるとともに、伊賀衆150人を預けられた。

忍びたちのまとめ役、上忍としても活動

普通の足軽大将としての活躍が認められるわけだが、忍びの専門集団である伊賀衆をまとまって預けられている点は注目できる。正成を頼って転出してきた伊賀者を召し抱えることを許されたのだろう。家康は、正成に忍びの棟梁としての活躍を期待したのかもしれない。

『寛政重修諸家譜』ではこの伊賀衆召し抱え前後に、正成が武田方のスパイだった竹庵《ちくあん》を討ち、家康から褒美として竹庵の懐剣や具足などを与えられたことを伝える。諜報活動に携わっていた可能性が大きい。また、竹庵は武田信玄に仕えた忍者「三ツ者」の一人として知られる男である。家康がその懐剣を与えるというのも意味深長だろう。

天正3年（1575）に起こった大賀弥四郎《おおがやしろう》の武田家への内通事件での動きも注目できる。弥四郎には小谷甚左衛門という仲間がいた。『三河物語』によると、正成は甚左衛門を追跡し、生け捕りにしようとしたという。あいにく甚左衛門は天竜川に飛び込んで逃げたため、このミッションは失敗に終わったが、どう考えても隠密めいた仕事だ。やはり正成は表面上は武家だったとしても、伊賀者を操る上忍としても活動していたのではないか。

『当代記』などでは伊賀越えのときに正成が伊賀者200人を率いて道案内をしたことを伝える。無論、本国と深いコネクションがないとできない仕事だ。正成には家康嫡子信康の介錯を命じられたが、落涙してできなかったという話もある。このあたり、冷徹な忍びになり切れない弱い2代目の印象もあるが……。

正成はその後も数々の合戦で活躍して8000石を賜り、家康の関東入国後は江戸城麹町口門（半蔵門）外に屋敷を拝領したことが知られる。

独自のテクノロジーを進化させた鎖国下の日本

鎖国時代を裏で支えた江戸時代の理系男子

鎖国によって海外との交流が失われた江戸時代。世界は大航海時代を乗り越え、近代化に向けて発展を続けていた。しかし、はたして日本の科学の水準は低いものだったのか。独自の工夫でテクノロジーを発達させた、江戸の理系男子たちの活躍を追う。

南部家定紋《じょうもん》散薬箱

南部家の定紋で有名なのは向鶴だが、ほかに武田菱《たけだびし》、九曜《くよう》などの家紋も用いている。南部藩ゆかりの薬箱だけに黒漆塗の豪華なもので、往診の際に持ち運びしやすいよう箱の外側に取っ手がついている。

もりおか歴史文化館所蔵

シュリーマンも驚いた江戸時代の科学力

幕末に日本を訪れたドイツの考古学者シュリーマンは、日本の産業技術を絶賛している。

「もし文明という言葉が物質文明を指すなら、日本人はきわめて文明化されていると答えられるだろう。なぜなら日本人は、工芸品において蒸気機関を使わずに達することのできる最高の完成度に達しているからである」（『シュリーマン旅行記』）

江戸時代は鎖国のイメージから、テクノロジーが停滞していた期間ととらえられがちだが、決してそうではない。懸命な努力と創意工夫により、独自の科学技術の花を咲かせた時代でもある。例えば「からくり人形」にしても、現代のロボットに通じる機械工学の原理が働いている。

幕府も科学技術の進歩を後押しし〝江戸の理系男子〟は続々と生まれたのだ。また、寛文《かんぶん》9年

渾天儀《こんてんぎ》

渾天儀は星の位置を測定するもの。写真は観測用としては日本に現存する唯一のものとされ、仙台藩の天文学者戸板保佑（1708〜1784）の設計によりつくられた。

仙台市天文台所蔵

日新館天文台跡

会津の藩校・日新館に築かれた天文台跡。藩祖の保科正之が天文暦学者の渋川春海に藩独自の暦づくりを依頼して以降、会津では天文学が盛んとなった。藩校に天文台があるのは、全国でも3例のみといわれている。

写真提供／会津若松観光ビューロー

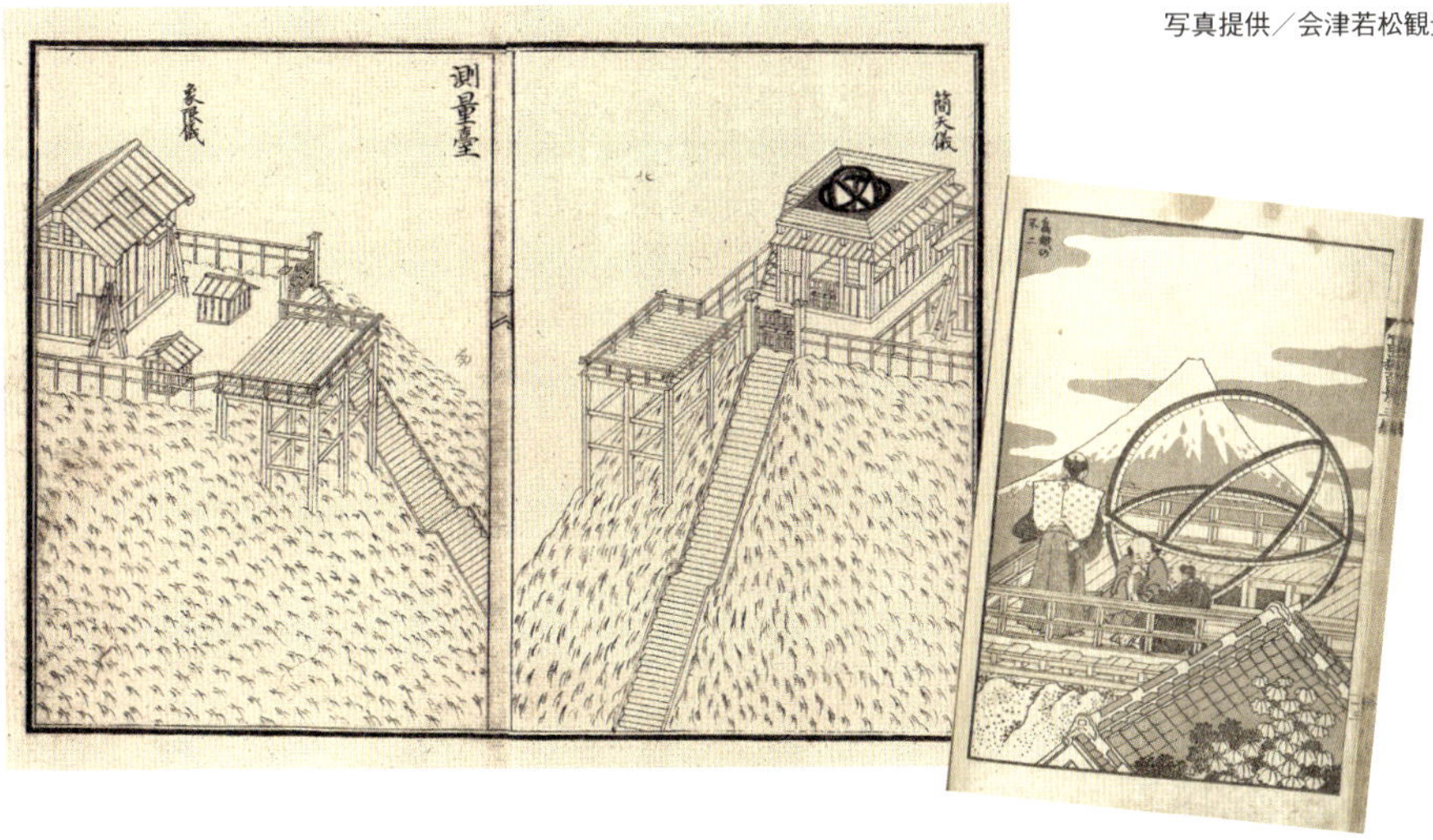

浅草天文台

渋川春海は観測のため、自宅に天文台を築いた。幕府も何度か天文台を築き、天明2年（1782）には浅草天文台を設置。写真右には渾天儀も描かれている。ここで、西洋暦法を取り入れた「寛政暦法」がつくられた。

左・「寛政暦書」巻19、国立天文台所蔵
右・「富嶽百景・鳥越の不二」国立国会図書館所蔵

（1669）に設立された岡山藩の岡山学校を皮切りに、全国で開設された藩校の功績も大だった。当初は儒学が中心だったが、幕末にかけて医学、算術などに加え、蘭医学などの洋学の講義も行われ、科学的、合理的な思想が育まれていったのだ。

維新まで活躍した幕府天文方

3代家光の時代、目覚ましく発展したのが土木技術だ。開削、築堤技術の発達は、用水路や大規模新田の開発につながり、農業生産力が飛躍的に伸びた。

技術発展を物語る一例が「玉川上水」である。江戸には既に家康が造らせたという小石川上水（後の神田上水）があったが、都市が膨張するにつれ、水不足が深刻化していた。そこで幕府は多摩川を水源とした用水路の築造を立案した。この計画の中心になったのが、玉川庄右衛門・清右衛門の兄弟だった。

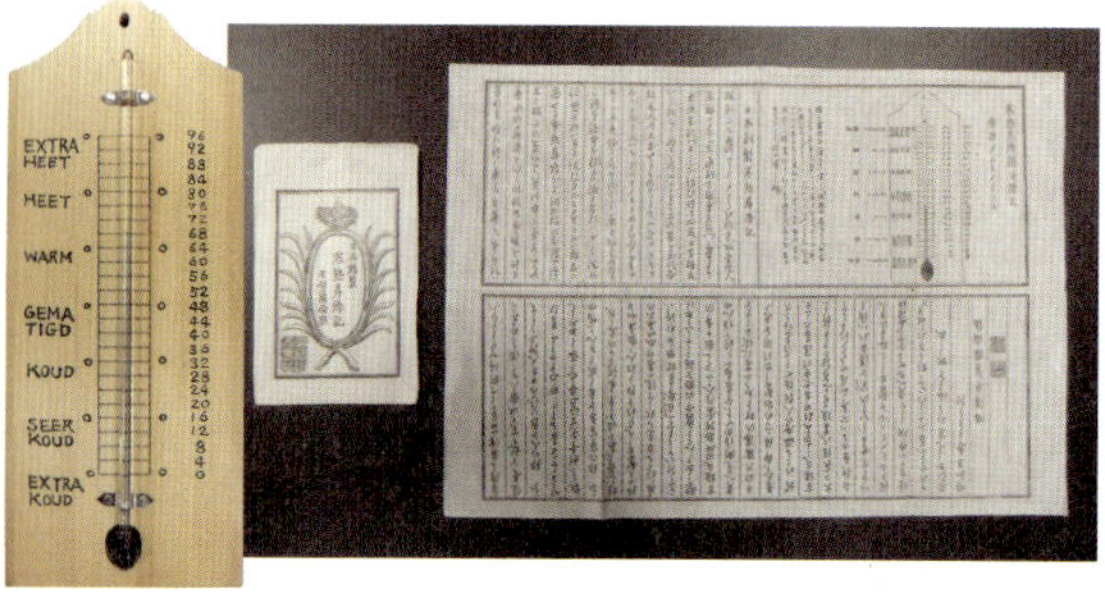

寒暖計

源内は寒暖計（タルモメイトル）などの測定器具も製作した。写真は寒暖計の解説書とその複製品。

平賀源内記念館所蔵

平賀源内肖像とエレキテル

左は平賀源内がオランダの機械を真似てつくりあげた、日本最初の摩擦静電気発生装置。現存する江戸時代中期のエレキテル2台のうちの一つ。箱の中にはガラスびんがあり、ハンドルを回すとガラスびんがこすれ、その摩擦によって電気が発生する。

平賀源内記念館所蔵

2人は羽村《はむら》（東京都羽村市）から武蔵野台地を横切り、四谷大木《おお》戸《ど》（東京都新宿区）まで40キロの堀の開削と、市中での水道管設置に臨んだ。ポンプもない時代、2人は土地を正確に測量し、自然流下方式（勾配をつけて下に水を流す）でこのプロジェクトを足かけ2年（承応2〜3年・1653〜1654）で完成させた。これが玉川上水で、実に明治まで利用されている。

6代綱吉の時代からは、天体運行・暦研究の進展が見逃せない。

暦には月の満ち欠けの周期を1ヵ月とする太陰太陽暦と、地球が太陽の周りを公転する周期を1年とする太陽暦（現在使われているグレゴリオ暦はこの一種）がある。江戸時代を通じて使われたのは太陰太陽暦だ。

日本は平安時代以来、中国発祥の太陰太陽暦「宣明暦《せんみょうれき》」が長く使われ、その編纂は朝廷の独占事業だった。しかし、この頃は誤差の累積で欠陥が目立つようになっていた。

江戸の天文暦学者・渋川春海《しぶかわはるみ》は中国の授時暦《じゅじれき》を参考に、自らの観測で作成した「大和暦《やまとれき》」（貞享暦《じょうきょうれき》）を幕府に提出。これは日本人が初めて編纂した暦法である。貞享元年（1684）、幕府は大和暦を採用して編暦を幕府の専管事業とする。そして春海に寺社奉行下の「天文《てんもん》方《かた》」というポストを与え、作業を任せた。

その後、大和暦は改暦され、宝《ほう》暦暦《りゃくれき》・寛政暦《かんせいれき》・天保暦《てんぽうれき》と、歴代の天文方により独自の暦が作成された。いわゆる「旧暦」は最後の天保暦を指す。幕府の暦は明治6年（1873）に新政府がグレゴリオ暦を採用するまで約200年続いたのである。

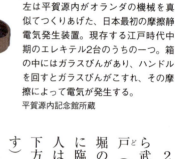

吉宗が作成させた日本地図

8代吉宗《よしむね》は開明的な将軍だった。漢訳蘭書の輸入制限を緩和して西洋の知識・技術を普及させた

将軍吉宗による規制緩和で西洋技術が流入

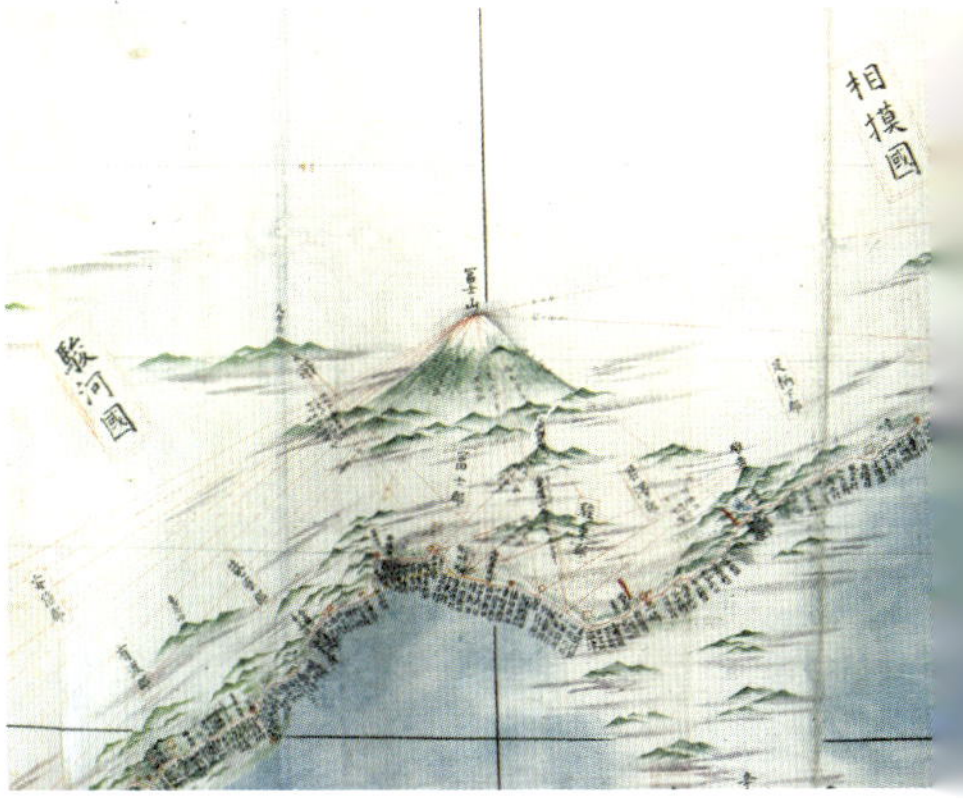

測量地図

文化元年(1804)につくられた、縮尺216000分の1の東日本半部沿海図の一部。

「高中図富士山部分」伊能忠敬記念館所蔵

測食定分儀《そくしょくていぶんぎ》

天体観測器具で、日食・月食の欠ける様子を観測するために用いられた。

伊能忠敬記念館所蔵

量程車《りょうていしゃ》

測量の器具で、これを置いて曳《ひ》いて歩くと、下についている車が回り、距離が表示できる。

伊能忠敬記念館所蔵

「幕府年中行事・学問試」国立国会図書館所蔵

ほか、博物学（本草学《ほんぞうがく》）の発展にも貢献。本草学者の丹羽正伯《にわしょうはく》を抜擢して全国の薬種の調査・薬園の整備を進めた。これは医療行政の大きな力となった。

吉宗の命でオランダ語を学んだ野呂玄丈《のろげんじょう》と青木昆陽《こんよう》は、蘭学興隆の基礎を築いた人物といえる。玄丈は日本初の西洋本草書を完成させ、昆陽は飢饉対策としてサツマイモの栽培を普及させ、大きな実績を残した。

最近、吉宗の命でつくられた日本地図「享保《きょうほう》日本図」の原図が発見されたのも話題である（広島県立博物館の発表）。北海道南部や種子島《たねがしま》が記載されたもので、享保10年（1725）頃の作成とみられ、江戸後期に伊能忠敬《いのうただたか》が全国測量した「大日本沿海輿地《よち》全図」に先立つものだ。各藩の測量データを集めて完成させたもので、江戸時代の測量技術の高さがうかがえるものである。

博物学といえば、エレキテルの自製で知られる平賀源内《ひらがげんない》も本草学者である。源内は宝暦年間（1751〜1764）に江戸で薬品会を催し、その出品物を解説した『物類品隲《ぶつるいひんしつ》』を著わして本草学と蘭学の発展に寄与した。源内と深い親交があった老中・田沼意《おき》次《つぐ》も蘭学の興隆に理解があった。杉田玄白《げんぱく》の手による日本初の本格的な西洋医学翻訳書『解体新書』の発刊は、田沼時代のものである。

名君・吉宗の後継者の遺骨は女性のものだった⁉

第9代将軍・家重は女性だった？

奇行が目立ち、廃嫡の危機もあったという家重。近年、その遺骨が法医学者らによって調査され、新たな謎をつきつけた。それが、家重＝女性説だ！

「高貴徳川継絡之写像」
国立国会図書館所蔵

実像が見えない 第9代将軍・徳川家重

歴代の徳川将軍のなかでもっともミステリアスなのが家重《いえしげ》だ。

19世紀に編纂された江戸幕府の公式記録『徳川実紀』には「将軍になったあとも、朝会のほかは大奥で過ごされることが多く、側近の前にも姿をほとんど現さない」と書かれており、その人柄については触れられていない。

家重は8代将軍・吉宗の嫡子である。だが、名君だった父とは、体格も性格もまったく似ていなかった。

吉宗は180センチもある堂々とした体型で、体力にも恵まれ鷹狩りなどの武芸を好む極めて男らしい将軍であった。有効な政策を積極的に取り入れることで幕府の財政を立て直し、「中興の祖」と呼ばれている。

しかし、家重は生まれついて体が弱く、若い頃から能や草花など美しく繊細なものを好んだ。幕政に関しては、田沼意次《おきつぐ》など優秀な側近に恵まれたため、失政はなかったが、特筆すべき点もない凡君とされる。

さらに言語不明瞭で、家重の言葉を聞き取れるのは側用人・大岡忠光《ただみつ》だけであった。家臣との対話はすべて彼が取り次いでいたが、それでいて執政上の問題が起こらなかったのは、忠光が賢明だったからだろう。だが、小姓が2万石の大名に取り立てられたのは、当

時としても異例だった。
　家重は中奥で政務を執ることは少なく、幼い頃から大奥に入り浸って、酒と女色に溺れていた。姿も威厳があったとはいい難く、華奢な体つきなのは仕方ないとしても、髪は油で整えるのを非常に嫌がったためいつも乱れており、ヒゲは伸ばし放題にしていた。肖像画では少し猫背で、顔を歪ませたように描かれている。そして、日常生活が送れないほどではないが、歩行に困難があり、首を左右に揺らす癖があったという。

　家重は頻尿を苦にして外出を嫌い、上野寛永寺や芝増上寺への参詣も、理由をつけては先延ばしにした。苦肉の策として、参詣にあたっては簡易便所を9ヵ所も設置させている。そのせいで、「小便公方」という屈辱的なあだ名がつけられた。

　このように奇行が多い人物がなぜ、将軍に選ばれたのだろうか？

　実は、家重は老中・松平乗邑《のりさと》によって廃嫡されかけたことがある。家重が武道や学問に取り組まなかったのに対して、弟の宗武《むねたけ》は幼少の頃から聡明で、文武ともに優れていた。そのことは周囲もよくわかっており、乗邑は宗武の生母や6代将軍家宣《いえのぶ》の側室・月光院まで巻き込んで家重廃嫡運動を行った。

　生来虚弱で、女と能に溺れたひ弱な兄と、誰が見ても優秀な弟。どちらを将軍に据えるべきだろうか。これには吉宗も苦悩したが、3代将軍・家光の例に鑑みて、個人の資質よりも長子相続の伝統が優先され、家重が将軍を継ぐこととなった。

　家重の子・家治《いえはる》が幼少時から剣術・槍術・鉄砲に秀で、さらに絵をよくし、将棋も強いという天才的な能力を発揮したため、吉宗に可愛がられ、将来の将軍候補と目されていたことも有利に働いた。

　だが、家重の恨みは相当深かったようで、将軍に就任するとすぐに乗邑は罷免され、宗武も3年間の登城禁止処分を受けている。これは月光院の取りなしで赦されたものの、兄弟間には生涯埋められない確執が残った。

家重は女性のように広い骨盤を持っていた!?

　昭和33年（1958）に芝増上寺の将軍廟の改修工事にあたって、徳川家当主の協力により、埋葬されていた将軍と側室の遺体や遺品の調査が行われた。

　このプロジェクトは、法医学者や歯科医学者など専門家によって1年半を費やした綿密なものであった。その調査の中心人物であった東京大学理学部名誉教授（当時）・鈴木尚氏は、家重が「アテトーゼ・タイプの脳性麻痺」だった可能性があると言っている。

　アテトーゼ型は知能に障害はないが、自分の意志とは無関係に別の筋肉が動く（不随意運動）という特徴がある。家重にはひどい歯ぎしり癖があったが、肖像画に描かれた顔の歪みもそのせいだと考えられる。また、頻尿や尿もれなどもアテトーゼ型にはよく見られる症状である。

この説だと家重の言語障害、歩行困難、頻尿などすべてに説明がつくのである。

実際に家重の遺体の調査が始まると、その骨は完璧な状態で残っており、生前の姿を再現できるほどだった。そうして復元された家重の姿は小柄で、意外にも端正な顔立ちだったという。

この調査では骨について詳細に検証されている。そこでわかったのは、家重の骨は基本的に細く、華奢なつくりであったということである。特徴的なのは3ヵ所で、「下あごがV字型であったこと」「肩甲骨が歴代の将軍に比べて細いこと」「骨盤が女性の平均よりも広いこと」である。

小さくすぼめた口をおちょぼ口というが、家重のあごのラインはちょうどそれにあたる。当時の江戸の男性はがっしりしたあごと反っ歯が特徴なので、男性でV字型なのは珍しいという。

肩甲骨は性差が出やすい骨なのだが、ここも非常に繊細で女性的であった。さらに骨盤は男性に比べて女性のほうが広いものだが、家重の骨盤は女性と比べても幅広であったという。

「千代田之大奥」
国立国会図書館所蔵

女性説を裏付けるもう一つの理由

家重女性説が囁かれるのには、ほかにも理由がある。

有名な「お幸《こう》の方座敷牢事件」を検証してみよう。お幸の方とは家重の子を産んだ側室である。彼女は家重の正室・比宮培子《なみのみやますこ》の侍女であったが、家重の寵愛を受け、次期将軍の生母として絶大な権力を握った。

だが、彼女の懐妊中に家重は新たな側室・お遊喜《ゆき》の方（お千瀬の方とも）と出会う。お遊喜の方の実父は吉原遊廓の名門・三浦屋の楼主の弟で、彼自身も店の経営にかかわっていた。そのためか、お遊喜の方は色里の影響を受け、唄や舞踊に才能を発揮した。家重は芸事が好きで、そんなお遊喜の方を片時も離さなかった。

お幸の方はこれに嫉妬し、2人が同衾しているところに押しかけ、家重を罵ったのである。激怒した家重は、お幸の方を座敷牢に閉じ込めた。

この事件ではさすがに吉宗が家重を叱責し、お幸の方を座敷牢から出させた。しかし、その後、お幸の方が家重に顧みられることはなかった。そして、失意のなか33歳の若さで亡くなったのである。

この一件も、もし家重が女であったなら、次期将軍生母を座敷牢に監禁するという前代未聞の処置も説明できるという。つまり、将軍以外男子禁制の大奥で懐妊するとなれば、その相手は家重の側用人・大岡忠光しかありえない。彼だけは家重の言葉を伝えるために大奥へ入れたはずだからである。家重はそれに嫉妬し、事件をきっかけにお幸の方を冷遇したというのだが……。

家重がお遊喜の方を寵愛したのは、純粋にその芸に惹かれていただけで肉体関係はなかったのかもしれない。逆にお遊喜の方は家重の秘密を知ったうえで心の支えになったとも考えられる。色里育ちのお遊喜の方は、さまざまな人生を見てきただろうから……。

また、言語不明瞭であったことも、声によって性別を悟られないためにわざとしていたという説もある。歩くときに体が揺れていたのは、胸をさらしできつく巻いているため苦しかったから。他出の際に便所をたくさん用意させたの

上杉謙信や安徳天皇まで女性説がある?

も、女性である秘密を誰にも見られないようにするため。生まれついて体が弱いというのは、女性ならば毎月の生理のために具合が悪くなって当然だという。

"越後の龍"上杉謙信も女だった!?

こうなるとこじつけのようだが、実はかの戦国大名・上杉謙信にも女性説がある。これは作家の八切止夫《やぎりとめお》氏が提唱したことで、急速に広まったものである。

謙信はあの時代にしては珍しく、生涯妻を娶らず、子供は全員養子を取っている。仏教の「女犯《にょぼん》戒《かい》」という戒律を守り通したのは、彼の生涯の大きな謎とされているが、これも女性であればなんの不思議もない。

毎月10日か11日に腹痛を起こし、出陣を取り止めたことさえある。月に一度の定期的な腹痛といえば生理日が考えられよう。また、戦場でも具足をつけず、身軽な姿であったという。これも体力のない女性であれば理解できる。

それ以外にも、『源氏物語』や『伊勢物語』などの恋愛ものを好み、織田信長から源氏物語図屏風を贈られている。非常に女性的なセンスの持ち主であったのだ。

そして、もっとも重要な根拠となったのはその死因である。謙信は大虫という病気で死んだとされるが、これはしゃくの虫といって胸や腹が痛む病気。つまり更年期障害だというのである。

現在の学界では認められていないが、それも歴史のロマンなのだろう。

有名な歌舞伎演目『義経千本桜』では安徳《あんとく》天皇は女児の設定である。実は姫君であったが、清盛が男と偽って無理に即位させた報いを受け、平家は滅びたと説明されているのだ。江戸時代に作られた作品だが、これが大当たりとなり、『菅原伝授手習鑑』『仮名手本忠臣蔵』と並んで三大名作に数えられた。

もしあの有名人が女性だったら……と考えるのはいつの世も変わらないようである。

上杉謙信

毘沙門天を信仰し、独身を貫いた上杉謙信。風流を愛でるのは、女性らしいというより、当時の武将としての嗜みでもあった。
「月百姿・霜満軍営秋気清数行過鴈月三更」
国立国会図書館所蔵

『朝鮮日々記』に記された真実

敵も味方も狂気に陥らせた朝鮮出兵

天下人となったとたん、秀吉は英雄から転落する。千利休の切腹に始まる秀吉の蛮行。なかでも、朝鮮出兵は味方をも苦しめるだけの、悲惨な結末を迎えた。なにが秀吉を戦争に駆り立てたのか。当時の記録をひもとく。

「豊臣秀吉肖像」
佐賀県立名護屋城博物館所蔵

妄執か、政策か？ 無謀な戦いに挑む秀吉

2度にわたる朝鮮出兵は秀吉の歴史的評価を著しく下げる。この無謀ともいえる侵略の理由ははっきりしていない。ただ、千利休に切腹命令を出した頃から歯車が狂いだし、高齢で得た愛児・鶴丸を3歳で亡くすなどの不幸に見舞われると、さらに狂気に駆られていったようである。

甥の秀次《ひでつぐ》に切腹をさせた一件も、若き日の秀吉なら考えられない出来事だ。鶴丸の死後、秀次を養子に迎えた秀吉だが、実子・秀頼が生まれると途端に疎ましく思うようになった。文禄《ぶんろく》4年（1595）には秀次に謀反の疑いをかけ、高野山へ追放。秀次を切腹させたあとは、女子供であろうと容赦せず、秀次一族と愛妾らを粛清した。織田信長の家臣時代も、一向一揆の殲滅や毛利氏への見せしめに女子供まで虐殺するなどの行為が見られた。

そもそも秀吉は、戦いのなかでも籠城戦を得意とした。これは「戦わずして勝つ」という効果を見越したからであった。徹底した兵糧攻めで時に生き地獄を敵に味わわせた秀吉だが、自分の軍を損なうことなく敵が自滅するのを待つ作戦は、味方の将兵からすれば、残忍どころかなんとも頼もしい大将と感じられたはずだ。

そんな秀吉だからこそ、朝鮮出兵は政策上の必要に駆られてという者もいる。関白になった頃、秀吉は「明を征服し、日本の領土を

加藤清正の虎退治の伝説

朝鮮出兵の際に諸大名はこぞって虎狩りを行ったという。特に鬼と恐れられた清正の伝説が名高い。

写真提供／首藤光一/アフロ

インドやフィリピンにまで広げる」と明言している。足軽から出世した稀代の男ではあったが、これには誰もが唖然とした。だが、秀吉は家臣に領地を与える政策で全国統一を果たしている。それが成し遂げられた以上、海外まで領土を広げなければ豊臣政権を維持できなかったというのだ。

日本兵を苦しめた予想以上の寒さ

理由ははっきりしないが、とにかく、文禄元年（1592）3月、秀吉が16万の兵を朝鮮へ派遣したことは事実である。

大名たちには兵や食糧の献上が申し渡された。それは領国の維持に支障をきたすほどであった。しかし、秀吉の支配によって国内が安定し、領土保全がなされた以上、兵を動員できるはずという建前がある。大名たちは領国の不安を抱えながら兵を出し、その一方で明に広大な領国ができることを期待していた。

当初、日本軍は連戦連勝を重ねていた。この時代、日本軍の強さは圧倒的であった。

朝鮮では200年も平和な時代が続き、武官より文官が優遇される政策がとられていた。だが、日本では乱世が続いていたため、兵が戦争に慣れており、実戦ですぐに使うことができた。さらに改良された鉄砲が大量生産され、日本軍は武器の面でも有利であった。

事実、日本軍は釜山《プサン》に上陸すると1ヵ月もしないうちに首都・漢《かん》城《じょう》を占領し、さらに6月には平壌《ピョンヤン》を陥落させている。しかし、同月に明の援軍が到着し、朝鮮義兵が決起すると戦況は膠着する。

兵は強くても、作戦があまりにも杜撰《ずさん》だった。なんといっても、最高責任者である秀吉は日本にいるのである。

石田三成は兵の士気を上げるため、秀吉の渡海を強く要請し、秀吉自身もそのつもりでいたが、徳川家康と前田利家は強硬に反対した。秋になると海は荒れる。秀吉

に何かあっては日本が危険にさらされると進言し、渡海は翌3月まで延期になった。

さらに日本兵を苦しめたのは兵糧不足と冬の寒さであった。兵は防寒具など用意していない。冬になれば気温は氷点下まで下がり、川が分厚い氷で覆われる朝鮮半島北部を草鞋で踏破しなければならないのだ。

この情報不足は致命的で、凍傷のため耳や手足の指を失う兵が続出した。予想外の寒さによって鉄砲隊も使えない。結局、明と講和交渉に臨むことになるのだが、それまでに出た日本軍の被害は惨憺たるものだった。全体で約3割、具体的には加藤清正《きよまさ》は約半分、鍋《なべ》島直茂《しまなおしげ》は4割近くの兵を失った。

秀吉は「明の皇女を天皇に嫁がせる」「明との貿易を復活させる」「朝鮮南四道を譲渡する」「朝鮮の王子および大臣を人質とする」など、日本にとって都合のいい7つの条件を並べて石田三成・小西行長らを明に送った。しかし、彼らは秀吉の許可なく降伏文書を偽造し、明との講和交渉にあたった。

当然、明は秀吉が期待していた降伏状など送るはずはない。7つの条件も完全に無視され、交渉は決裂した。激怒した秀吉は第2次朝鮮侵攻である「慶長の役」を決意する。この交渉中、大被害を受けた朝鮮に発言権はまったくなかった。

『朝鮮日々記』に記された鼻切りの状況とは？

慶長2年（1597）2月、秀吉は再び14万の軍を朝鮮に出兵させた。

この戦いに従軍した一人に慶念《きょうねん》という僧侶がいた。彼は当時60歳を過ぎた高齢であったが、軍目付・太田一吉《かずよし》の要請を受け、医僧として戦場をめぐった。自身も飢餓に苦しみながら戦場での出来事を歌に託した日記が『朝鮮日々記』である。

日本兵が行った残虐行為のなかで有名なのが「鼻切り」であろう。

蔚山倭城

右は「朝鮮軍陣図屛風・蔚山城籠城図」（鍋島報效会所蔵）、下は蔚山城跡。蔚山城は慶長の役の際に清正が縄張を担当し、築かれたもの。図屛風は、明・朝鮮連合軍に包囲され籠城する日本軍の様子を描いたもので、鍋島直茂が帰国後に描かせたとされるが、明治時代の佐賀の乱で焼失。これは他家が所有している写しをもとに制作されたもの。

写真提供／グレイル

日本では戦国時代から始まり、慶長の役では徹底した虐殺と鼻切りが行われている。

秀吉自身も小早川秀秋の出陣時に、「朝鮮人を皆殺しにして朝鮮を空き地とせよ。朝鮮人の鼻を削《そ》いで首の代わりとせよ」と命令を下している。

戦地では大名とその家臣に鼻切りを行うことが強制された。家臣たちは集めた鼻を大名に差し出し、鼻請取状をもらう。数が多いほど戦功があったとみなされ、知行が増えた。大名はその鼻を軍目付に渡して鼻請取状を受け取る。これが大名家の戦功である。

加藤清正は部下一人に対して鼻3つを取るように命じていた。日本兵はとにかく切った鼻があればいいということで、一般人であっても容赦せずに鼻を削いだ。それは女性に対しても同じである。老若男女を問わず、僧侶であろうと関係はなかった。

日本国内の合戦で行われた鼻切りとの大きな違いは、生きている者の鼻まで削いだことであろう。朝鮮では日本軍が撤退した後も数十年は鼻がない者が非常に多く見られたという。

こうして集められた鼻は塩漬けにされ、桶や壺に詰めて日本の秀吉の元に送られた。

また、日本人による人買いも頻繁に行われていた。『朝鮮日々記』には「日本から来たたくさんの商人のなかには人を買うものもいた。老若男女を問わず買い取り、首に縄をくくり付け、歩くのが遅ければ杖で追い立てて走らせる。それは地獄の鬼が罪人を責めるようであった」と記されている。

商人に買われた朝鮮人捕虜は、長崎にあった奴隷市場でポルトガル商人に売られ、ヨーロッパなどに連れて行かれた。なお、大名が日本に連れ帰った捕虜もいて、彼らは農耕奴隷として酷使される運命にあった。

捕虜には陶工も含まれており、彼らによって焼き物の技術が日本中に広まった。有名な有田焼や薩摩焼、萩焼などの基本はこのとき伝えられたものであるが、この事実はあまり知られていない。

慶長3年（1598）8月18日、慶長の役のさなか、秀吉は伏見城で死去する。家康たち五大老・五奉行は秀吉の死を隠したまま諸大名に撤退命令を出した。帰国を聞いた日本兵は狂喜したという。

虐殺を行った日本兵さえ帰りたがっていたという事実……小西行長や島津義弘《よしひろ》ら朝鮮での中心部隊が撤退したことにより、この戦乱は終結する。

朝鮮の人口は激減し、国土は甚だしく疲弊した。明もまた国力を失い、新興の後金（後の清）に敗れる。当の豊臣政権も大名たちの信用を失ったことで崩壊を早めた。秀吉の朝鮮出兵は各国に深い傷跡を残しただけの、大いなる徒労であった。

庇護から弾圧に転じた理由とは？

血に濡られたキリシタン弾圧の悲劇

下剋上の時代、ヨーロッパから日本へキリスト教が最先端科学とともに伝わった。その教えは当初は支配者に保護されたが、次第に弾圧の対象となっていった。なぜ、悲劇へと至ったのか。その背景を探っていく。

「天草四郎像」写真提供／グレイル

原城から出土した黄金の十字架

原城本丸跡から出土した黄金のクルス（秘蔵品）。天正遣欧使節が持ち帰ったローマ教皇からの贈物とされる。有馬晴信の遺品で、側近が島原・天草一揆の際に原城に持ち込んだとも。
南蛮文化館所蔵

織田信長らに保護された初期キリスト教

戦国時代真っ直中の天文《てんぶん》18年（1549）、イエズス会の宣教師フランシスコ・ザビエルが薩摩に上陸し、島津貴久《たかひさ》の許可を受け布教活動を行った。これが、キリスト教が日本に伝わった最初とされる。その後、ザビエルは日本を離れるが、代わってコスメ・デ・トーレスが布教につとめ、九州に多くの支持者を得て、この地は日本のキリスト教の中心地として栄えていく。

フランシスコ・カブラルが日本宣教長の座をトーレスから引き継ぐと、キリスト教は京都の実権を握った織田信長の目にとまる。一向一揆や延暦寺の反抗に手を焼いた信長は、その対抗策としてキリスト教を優遇した。また、宣教師がもたらす最先端の科学知識に深い興味を抱いていた。信長自身はキリシタンではなかったが、結果としてキリスト教の力強い保護者となった。

キリスト教布教の初期、パーデレ（神父）を訪れた者の中には仏教者もいた。

イエズス会の信者アルメイダ医師を訪ねてきた鹿児島の僧は、日食や潮の満ち引きなどの自然現象についての質問をしたという。アルメイダ医師が証拠を示しながら詳しく説明すると納得し、非常に満足して帰ったというから、宣教師の持つ知識は日本人にとって心惹きつけられるものだったに違いない。

天草四郎の陣中旗

天使と聖なる杯がデザインされた陣中旗。絵師・山田右衛《え》門作《もさく》が描いたともいわれる。右衛門作は原城に籠城した切支丹の中で、裏切者として唯一生き延びた人物だが、これは乱の真相を後世に伝えるための偽装という説もある。
天草市立天草キリシタン館所蔵

弾圧の始まり 考え抜かれた拷問とは？

信長の死後、キリシタンの未来には急速に暗雲がかかった。天正15年（1587）に秀吉が発令した「伴天連《ばてれん》追放令」ではキリスト教の布教が禁止され、慶長17年（1612）に江戸幕府が出した五ヵ条の条々では信仰自体が禁止された。

慶長元年の26人の聖人の殉教をはじめ、キリシタンの迫害と殉教は激しさを増していった。それはひどく狂信的で、為政者がより苦しく残酷な殺し方を考え出す一方、キリシタンたちは身を焼く炎や血に濡れた刃を前にして、いかに美しく死ぬかを考え、栄光の殉教者になることだけを願った。

死を恐れないキリシタンは支配者にとって恐怖であった。慶長18年に発布された「宗門檀那請合之《しゅうもんだんなうけあいの》掟《おきて》」の冒頭である「死をかえりみず、火に入るもおそれず、水にいるもおぼれず、身より血を出して死をなすことを成仏と立つる」という表現には、そんな畏怖が込められている。こうしてキリスト教は「邪宗門」にされたのである。

慶長19年、47名のキリシタンとその妻子らが京都の町を追放された。その中には身分の高い武士も含まれていた。

彼らは一度敦賀《つるが》に泊まり、そこからさらに北へ向かった。弘前《ひろさき》藩主は彼らに未開の地を与え、開墾に従事させている。しかし、農作業などしたことがない京育ちのキリシタンにとっては、過酷な重労働であった。その上、天候不順により、せっかく拓いた田畑からは何も収穫できなかった。

残酷なようだが、この津軽流刑は良心的な処置である。

一般に行われた棄教の強要は苛烈さを増していき、裸のまま俵に入れられ町中を転がされたり、女性であれば裸にして辱められたり、女郎として売られるようなことも行われた。

迫害は西南日本を中心に行わ

一揆軍が立て籠もった原城

原城はもともと岡本大八事件で処罰された有馬晴信の居城。島原半島の南部に位置し、日野江城の支城として有明海に張り出した丘陵に築かれた。発掘調査で鉛の弾丸や十字架、メダイなどのキリシタン関連遺物が出土。中央に張り出した石垣が本丸の櫓台跡。写真提供／2点とも南島原市教育委員会

れ、東北地方は寛容な風潮があったが、それもすぐになくなった。

寛永元年（1624）、秋田藩では佐竹義宣《よしのぶ》の家臣であるキリシタン42名が獄につながれた。15歳以下の者は罪人としない決まりであったが、河合喜右衛門の息子トオマは年齢を偽り、父とともに殉教することを望んだ。

7月になると32名の火刑が決まった。先頭を行く13歳のトオマはとても美しく、刑場へ向かう途中、彼がオラショ（祈り）を唱えるとみな続いて斉唱した。刑場に着き、一人ずつ柱に縛られ、薪に火がつけられると炎は静かにキリシタンたちを包んだ。弱められた火勢によって、生きながら焼かれる苦しみは長く続いた。

この日のことは、義宣の下で行政を担当した梅津政景の日記に「きりしたん衆32人火あぶり内21人男、11人女。天気よし」とだけ記されている。

同じく寛永元年には、島原の雲仙岳で地獄谷の熱湯を使った処刑が行われた。硫黄のガスが充満するなか、捕らえられたキリシタンは地獄谷の池に裸で立たされたり、断ち切られた背中の傷に熱湯をかけられたりした。煮えたぎる池に生きたまま突き落とされた者もいる。

江戸時代最大の内乱 島原・天草一揆

寛永14年（1637）にはキリシタンによる最大の反乱・島原《しまばら》の乱（島原・天草《あまくさ》一揆）が勃発した。一般にこの反乱は宗教戦争と言われるが、その原因となったのは島原半島と天草諸島を支配する領主たちが農民に過酷な年貢を負担させたことにあった。

肥前《ひぜん》の島原半島はもともとキリスト教の信仰が篤い土地柄である。だが、幕府の禁教政策が始まると松倉重政《まつくらしげまさ》が新たな藩主として赴任し、厳しい弾圧を開始した。重政の急死に伴い勝家《かついえ》が跡を継ぐと、領民への年貢の取り立ては常軌を逸したものとなり、弾圧は残

原城の本丸周辺では石の下から大量の人骨も見つかっている。これは一揆軍の死体を投げ捨て、その上に破却した石垣を投げ込んだものと見られ、原城の壮絶な最期を伝えている。

酷さを増した。女子供に蓑を着せ、それに火をつけてももがき苦しむ姿を「蓑踊り」と呼んだり、妊婦を水牢に放置したりと残虐行為自体を楽しんでいるかのようだった。

島原で一揆が勃発すると、呼応するかのように天草の領民が蜂起した。天草では16歳の少年・天草四郎を総大将に立て、天草支配の要である富岡城《とみおかじょう》を攻撃した。

一揆軍は富岡城代・三宅重利《みやけしげとし》を討ち取り、落城寸前まで追いつめたが、九州諸藩の応援軍が到着したことを知ると城を撤退。天草と島原の一揆軍は合流して島原城を攻めた。しかし、守りが堅い城だけに攻略できず、３万７０００の一揆軍は廃城となっていた原城に立て籠もった。

九州諸藩は一揆勃発の報を聞くと、すぐに豊後府内《ぶんごふない》目付に使いを送り指示を仰いでいる。武家諸法度には近隣でどんな事態が発生しても、江戸の許可なく兵を出すことは禁止されていたからである。

戦国時代から九州はキリスト教が盛んな地域である。諸藩は藩内の転びキリシタンたちが反乱に加勢することを恐れた。特に島原の乱はキリシタンによるものだったので、九州全土に飛び火する可能性があったのだ。

松倉勝家は一揆の原因が〝領民への過剰な税の取り立て〟という自らの失策にあるとは認めず、幕府には〝キリシタンによる暴動〟だと報告した。

幕府は一揆軍の兵糧が少ないことを確認すると、城を包囲して兵糧攻めにした。弱ったところに海と陸から砲撃を行い、一揆軍を全滅させた。助かったのは内通者ただ一人であったという。

なお、幕府は一揆の原因となった勝家を改易し、島原藩は遠江国浜松藩の高力忠房《こうりきただふさ》が継ぐことになった。さらに、勝家の非道が明るみに出ると、幕府は彼を斬首に処し、松倉家は断絶した。

明治政府による キリスト教徒の弾圧

明治時代になると、キリシタンの扱いはもっと酷いものとなった。新政府には神道学者が多くいたこともあり、キリスト教の禁制は解かれるどころか、容赦ない弾圧が加えられたのだ。

明治2年（１８６９）、木戸孝允の案によって、大規模なキリシタン粛清が実行された。キリシタン活動の中心人物を長崎で処罰し、残りの３０００人は尾張藩から西の藩に流罪とし、その生殺与奪の権は藩主に委ねるというものである。

信者を任された各藩が取った政策にはかなり差があり、鹿児島藩は比較的寛大であったが、福岡藩ではひどい虐待が行われていた。

隠れキリシタンたちにも拷問が加えられた。

長崎の五島列島・久賀島《ひさかじま》では大勢を一気に拷問にかけるには狭い部屋へ押し込むのがもっとも手っ取り早い、とばかりにたった6坪の牢舎に２００人が閉じ込められた。食事はろくに与えられず、体力のない老人や子供はあっという間に死んでいった。

牢内には便所がないので垂れ流しである。その不衛生さは言葉に尽くせない。すぐに蛆虫がわき、生きたまま肉を齧《かじ》られた。この拷問は8ヵ月も続き、解放されたときには、全員の頭髪が抜け落ちていたという。

明治政府のキリシタン弾圧は国際問題になり始めていた。各国と有利に交渉を進めるには信仰の自由を認めるしかない。

明治6年（１８７３）、政府はついにキリシタン禁制を解いたのだった。

幕府や外国人からみた吉田松陰の塾生たち

テロリストか？悲劇の英雄か？松下村塾の門下生たち

黒船が来航し外国の脅威にさらされた江戸末期。吉田松陰の私塾・松下村塾には、国の行く末を憂いた若者が集まった。その中には、のちに明治政府を担う人物も多くいたが、当時においては、彼らは現体制に逆らうテロリスト集団に近いものだった！

松下村塾と吉田松陰らの像

右ページの写真は、向かって左から高杉晋作、吉田松陰、久坂玄瑞の像。右の建物は明治維新の立役者を数多く輩出した吉田松陰の私塾・松下村塾。写真提供／ともにフォトライブラリー

老中・間部詮勝の暗殺を企てた吉田松陰

昨今はイスラム過激派によるテロ活動が世界を震撼させているが、日本でも、幕末期にテロ活動が盛んに行われた。その首謀者となったのが、のちに維新の立役者ともてはやされた長州藩である。京都を中心にテロ活動を展開し、最終的には天皇の拉致計画まで企てた。

長州からは高杉晋作や久坂《くさか》玄《げん》瑞《ずい》、吉田稔磨《としまろ》といった志士を輩出したが、彼らを「松下村塾」という私塾で育てたのが吉田寅次《とらじ》郎《ろう》（松陰《しょういん》）である。松陰は11歳のときに藩主・毛利慶親《よしちか》（敬親《たかちか》）に御前講義をしたほどの才覚の持ち主だったが、一方で、密航して外国の文化を学ぼうとしたり、友人との約束を守るために脱藩したりと、エネルギッシュな人物でもあった。

松陰は密航を企てた罪で幽閉されたが、翌年には実家預かりの身となって赦され、叔父の玉木文之《ぶんの》進《しん》が開いた私塾「松下村塾」を引き継いだ。ちなみに私塾ではあるが講義はせず、日々何かを論議し、意見をぶつけ合っていた。

泰平の世であれば、このままなにごともなく一生を過ごせたはずだったが、時代は開国か攘夷かで揺れ動いており、激動の時代が彼らを〝テロリスト〟へと変貌させたのである。

安政5年（1858）、大老・井伊直弼《なおすけ》の主導の下、日米修好通商条約が締結された。松陰は幕府が朝廷の勅許を得ないまま条約を結んだことに激怒し、老中の間部《まなべ》詮勝《あきかつ》暗殺を企んだ。このとき高杉や久坂、吉田稔磨らは反対し、従うのは入江九一《くいち》・和作《わさく》兄弟など少数だった。

松陰は京都の伏見で藩主を拉致し、朝廷に誘導して攘夷を宣言させる「伏見要駕策《ようがさく》」というテロ計画を発案する。久坂や高杉など反対する門下生には破門状を出し、入江兄弟を使ってテロを実行に移そうとしたが、計画を察知した藩により兄弟は捕らえられ、計画は頓挫した。そして翌安政6年（1859）、松陰は江戸に送致され、10月27日、伝馬町《てんまちょう》の獄舎で斬首に処せられた。

初代首相・伊藤博文もテロリストだった⁉

最終的には袂を分かった松陰と久坂だが、松陰処刑後はその遺志を受け継ぎ、尊王攘夷活動に邁進する。尊王攘夷とは王（天皇）を尊び、外敵を斥ける思想のことで、水戸学や国学から発展したものである。松陰も攘夷思想の持ち主ではあったが、彼は西洋の先進的な文化や技術を吸収し、そのうえで外国に対抗するという前向きな考えを抱いていた。

久坂も松陰と同じ考えだったようで、友人に宛てた手紙には「攘夷など最初からできるはずがない。大切なのは国家の方針を定め、大義を打ち立てることだ」と記している。外国に対抗するには日本

がひとつになることが不可欠と考えた久坂は、尊王攘夷の思想を利用し、国論をまとめようとしたのである。

しかし、なかには攘夷を本気で信じ、「日本人が外国人を全員斬れば、外国は日本を怖れて近づかなくなる」と大真面目に考える者も少なくなかった。その結果、外国人を襲撃するテロ活動が横行する。また尊王攘夷派でない者には殺人という名の〝天誅〟を下すなど、日本人にもテロの危害が及ぶようになった。

幕末のテロ活動は、大老・井伊直弼が暗殺された桜田門外の変を機に急増し、明治維新後も大久保利通らがテロの犠牲者となっている。テロリストには薩摩藩士や土佐藩士なども含まれるが、圧倒的に多かったのが長州藩士である。

彼らのやり方はとても凄惨で、殺害するだけでなく、首や胴体、手首などをバラバラにして、それぞれを公家の屋敷に届けたり、門前に掲げたりした。のちに15代将軍となる一橋慶喜《ひとつばしよしのぶ》は東本願寺を宿所としていたが、その門前にもバラバラになった身体の一部が置かれたという。

松下村塾の門下生はテロ活動を主導するだけで直接手を下すことはなかったが、なかには直接テロに及んだ門下生もいる。

大正10年（1921）、旧幕臣で「日本資本主義の父」と呼ばれた渋沢栄一は、松下村塾門下生だった伊藤博文（俊輔）が、山尾《やまお》庸三《ようぞう》とともに国学者の塙忠宝《はなわただとみ》を暗殺したことを明らかにしている。

塙忠宝は、『群書類従』などの編纂に携わった国学者・塙保己一《はきいち》の四男で、幕府の命で外国人待遇の式典について調べていた。だが「孝明天皇を廃位させるために『廃帝の典故』を調査している」という噂が流れ、尊攘派志士たちを刺激した。そして文久2年（1862）12月21日、和歌の会から帰ってきたところを襲撃され、翌日亡くなった。

伊藤は、忠宝暗殺だけでなく御

御所を攻撃した久坂玄瑞、長州藩の誤算

長州藩と会津藩の対立が激化

長州藩は八月十八日の政変で京を追われ、藩主らも謹慎となっていた。その後、久坂玄瑞らが長州藩の京での復権を目指して蜂起し、会津藩と蛤御門で激戦を繰り広げる。しかし、薩摩藩が到着すると、長州軍は瓦解する。

「日本外史の内(禁門の変)」
小林清親画、大洗町幕末と明治の博物館所蔵

殿山で建設していたイギリス公使館を焼き討ちするなど、過激な攘夷活動を展開していた。だが、イギリス留学後は考えを改め、開国派に転じて明治維新後に初代首相となった。

テロ活動の総仕上げとなった禁門の変

このように、長州志士は尊王攘夷で国論をまとめるためにテロ活動に邁進したが、文久3年（1863）、八月十八日の政変で京都から追われてしまう。

勢いを失った長州藩は、巻き返しをはかるため、「武力をもって京都に進発し、天皇を奪還して長州にお連れする」という究極のテロ計画を考案する。

これにはさすがの久坂も反対したが、池田屋事件で吉田稔麿ら長州藩士が殺されると、福原越後《えちご》、益田右衛門介、国司《くにし》信濃《しなの》の三家老が「藩主の冤罪を帝に訴える」という名目で挙兵に及んだ。

元治元年（1864）7月、京の近郊にある男山八幡宮の本陣で、長州軍の最後の作戦会議が行われた。

このときも久坂は「兵を退くべき」と主張したが、好戦派の来島《きじま》又兵衛に「今さら退くとはなにごとだ」と一蹴されてしまう。そして議論は平行線をたどったが、最終的には攘夷派の指導者だった真《ま》木《き》和泉《いずみ》が「朝廷に攻め入る形は足利尊氏でも、志が楠木正成ならよいではないか」と言い、京都攻撃が決まった。

翌日、長州軍は御所を目指して攻め入ったが、会津や薩摩を中心とする幕府軍に駆逐される。尊王攘夷というスローガンを掲げてテロ活動を煽った久坂は、炎上する鷹司《たかつかさ》邸で同志の寺島忠三郎とともに自刃して果てた。

この禁門の変は、一連のテロ活動の総仕上げともいえる戦いだったが、長州にとって最悪の結果に終わった。戦いのあと、長州藩は朝敵として扱われ、苦渋を強いられるようになった。

伊達家・武田家・松平家を襲った悲劇

兄弟、母子で殺し合う戦国名門の骨肉の争い

親が子を、子が親を殺した戦国乱世。ある時は領地をめぐって、またある時は家督をめぐって。名のある戦国大名は必ず骨肉の争いを繰り広げている！

危うし独眼竜！ 伊達政宗毒殺未遂事件

伊達政宗《まさむね》は奥州の覇者として知られる戦国大名だ。幾多の合戦で何度も絶体絶命の窮地に追い込まれたが、持ち前の強運と天才的な武略を生かし、したたかに江戸時代まで生き残った男である。

天正18年（1590）4月、彼は生涯最大の危機を迎えていた。当時豊臣秀吉は関白の名のもとに奥州へ停戦命令を出していたが、政宗は秀吉の力を侮ってこの意向を無視、南奥羽の大半を攻め取っていた。だが秀吉の勢力は西日本から関東、奥州へと迫り、さすがの政宗も臣従するほかなくなっていたのである。だが、秀吉は怒り心頭、下手をすれば伊達家は滅ぼされかねない状況だった。

この事態を憂いたのが政宗の実母・義姫《よしひめ》（のち保春院）である。義姫は出羽の戦国大名・最上義守《もがみよしもり》の娘でもあった。気性の激しい人であり、伊達家と最上家が対立したときには両軍の間に輿で割り込んで一喝、ついに両家を和睦させた女傑だ。

義姫は兄の義光《よしあき》にそそのかされ、とんでもない計画を実行に移す。それは政宗の殺害だった。政宗の首を秀吉に届けて許しを乞い、新たに政宗の弟である小次郎を擁立して伊達家の存続を図ろうとしたのだ。もともと義姫は隻眼《せきがん》の政宗を嫌い、聡明な小次郎を愛するきらいがあった。

義姫は素知らぬ顔で政宗に毒の入った膳を出した。政宗は苦しんだが、解毒剤を飲んで一命は取り留める（一説では側近が企みを見抜き、政宗は毒を口にしなかった

東光寺

武田信玄によって再興された東光寺。謀反を企てた武田義信はこの寺に幽閉され、のちに切腹。境内には墓がある。

写真提供／フォトライブラリー

「伊達政宗像」

写真提供／フォトライブラリー

とも）。政宗は小次郎を切腹させ、義姫は最上家へ戻された。結局、秀吉は小田原で臣従を申し出た政宗を許し、本領を安堵している。

事件から32年経った元和８年（１６２２）、最上家が改易となり、義姫は行き場を失う。政宗は使いをやり、仙台城に母親を温かく迎えた。義姫が76歳で没したのはこの翌年である。

我が子を自害させた武田信玄と徳川家康

永禄８年（１５６５）武田信玄のもとに信じ難い報せが入った。息子の義信《よしのぶ》と家老の飯富虎昌《おぶとらまさ》が謀反を企てているというのだ。

義信は次期武田家当主で、虎昌は股肱《ここう》の臣だった。義信は妻が今川家の娘だったことから、信玄が唱える駿河攻めに強硬に反対していた。実際に謀反が起こったかどうかは謎だが、信玄親子が対立していたのは事実だ。武田家は駿河侵攻反対派の義信と信玄の２派に分裂されかねない状況だった。

信玄は飯富虎昌以下多くの義信側近を処刑。義信衆80余騎も成敗した。駿河侵攻という一大事業を前に、武田の膿《うみ》を徹底的に出し尽くしたのである。ただ鬼の信玄も迷いがあったか、義信は東光寺（甲府市）に幽閉するにとどめた。

２年後の８月、信玄は突如甲斐・信濃・西上野《こうずけ》の家臣団に忠誠を誓わせる「起請文」を提出させた。ズバリ「どんなことが起こっても信玄公に従う」という異様な誓約書である。ほどなく義信は東光寺で自害した。父・信玄の命であったと考えざるを得ない。翌年、信玄は駿河へ駒を進めた。

一方、徳川家康は、天正７年（１５７９）、生涯最大級の辛酸をなめさせられる。同盟相手の織田信長から正妻の築山殿《つきやまどの》、長男の信《のぶ》康《やす》を殺せと命じられたのだ。

信康は武勇優れた若大将。信長の娘・徳姫と結婚し、岡崎城主として押しも押されもせぬ家康後継者となっていた。だが、姑築山殿と徳姫の折り合いが悪かったことが仇となる。徳姫は信長に12ヵ条に上る築山殿・信康の罪状を訴える。内容は築山殿の武田との内通、不義密通、信康の乱行を責めるもの。信長は家康の老臣酒井忠次に事の真偽を聞いたが、忠次は十分な弁護ができなかった。

家康は断腸の思いで築山殿を浜松城下で討ち果たし、信康を切腹させた。一説では、信康の器量を警戒した信長の陰謀とも、信康を擁立した謀反の動きに対する家康の防御作戦とも言われている。

戦国三傑の中で信長は弟信行を、秀吉は甥秀次を殺しているが、救われなさではとても家康の比ではないだろう。

犠牲者1万8000人、生存者36人!?

外国人記者が伝えた 旅順大虐殺

1894年、旅順での戦いに勝利した日本は、戦勝ムードに酔いしれていた。そんなとき、欧米では日本の残虐行為がセンセーショナルに報道され、国際問題に発展しようとしていた。外国人記者たちが見た「旅順大虐殺事件」とは?

「日清戦争錦絵・旅順口合囲」
国立国会図書館所蔵

従軍した外国人記者が日本帰国後に報道

イラク戦争で、米軍が投降するイラク兵に暴行を働いた映像が世界中に流れ、国際問題になったことを記憶している人も多いだろう。しかし今から100年余り前、日本軍がもっと凄惨な、非武装の民間人を大量に虐殺したという報道が外国人記者によってなされ、国際問題に発展していた。

「日清戦争」は、日本人にとっていまや風化しつつあるとはいえ、当時からすでに国際法の遵守《じゅんしゅ》がうたわれ、戦争、戦闘の決着にかかわらない無用な犠牲を避けるための国際的なルールの設定が叫ばれていた。

つまり非武装の民間人への暴行、陵辱、虐殺などはあってはならない。そんな事実があれば、重要な国際法違反として世界を敵に回すことになり、国際社会から糾弾され、追放され、厳しい制裁を受けたであろう。しかしほとんどの日本人が知らないところで、事件は起こっていた。

日本軍の蛮行が世界でどのように糾弾されたのか。まずは、経過をざっと振り返ってみよう。

日本軍の旅順《りょじゅん》虐殺事件は、旅

順を攻略した第2軍（大山巌《いわお》大将）に従軍していた外国人記者が、日本に帰国してから世界に伝えられた。最初に報道したのは、英国「タイムズ」の特派員、トーマス・コーウェンで、その内容はおおむね次のようなものであった。

「……日本人は、日本人捕虜の死体のうちの幾つかが生きたまま火焙《あぶ》りにされたり、手足を切断されたりしたのを目にし、より激昂した。それから4日間、日本兵は全市街を掠奪し、ほとんど全ての人々を殺戮《さつりく》した。ごく少数ではあるが、婦女子が誤って殺された。多数の清国人捕虜が、両腕を縛られ、衣服を剥がされ、刃物で切り裂かれ、腸を取り出され、手足を切断された……多くの死体は、部分的に焼かれた」（井上晴樹『旅順虐殺事件』より）

旅順市民のほとんどが日本軍に殺害された

コーウェンは、日本軍が、日本人捕虜の死体を清国人によって焼かれたのを目にして激昂し、その復讐心が大量虐殺の引き金になったように伝えている。

第2軍に従軍して事件を目撃し、日本に帰国した外国人記者は、英国「タイムズ」のコーウェンを含めて4人とされている。同じ英国の「スタンダード」と「ブラック・アンド・ホワイト」のフレデリック・ヴィリアース、米国「ワールド」のジェームズ・クリールマン、同じく米国「ヘラルド」のA・B・ド・ガーヴィルである。

その中で、センセーショナルに伝えたのが米国「ワールド」のクリールマン記者で、ニューヨークやワシントンを中心に大反響を呼んだ。

横浜からニューヨークに打電した短文には、「日本軍大虐殺」の見出しが躍り、「3日間にわたる殺人」「無防備で非武装の住民、住居内で殺戮さる」「死体、口にできぬほど切断」「恐ろしい残虐行為に戦《おのの》き外国特派員、全員一団となって日本軍を離脱す」（井上

「日清戦争錦絵・旅順口進撃」
国立国会図書館所蔵

旅順口に沈む艦船

日清戦争に勝利した日本は、その後、遼東半島の利権をめぐりロシアと対立。日露戦争が始まり、日露の両軍が旅順で激突する。写真は、ロシア艦隊が出撃できないよう、旅順口を閉塞するために日本軍が港外に沈めた艦船。
写真提供／防衛研究所戦史研究センター

晴樹『旅順虐殺事件』より）と、日本軍の行為を激しく糾弾した。

これを皮切りに、欧米の報道機関はこぞって日本軍の旅順虐殺について論陣を張った。

4人の従軍記者の中で、「ヘラルド」のガーヴィルは、日本人捕虜の死体が焼かれたことに対する報復として、「日本軍を擁護する内容」を展開する。しかし、旅順の一般市民が虐殺されたことは否定しなかった。

さらにヴィリアースは、のちに「ノース・アメリカン・レヴュー」で『旅順の真実』という体験記を公表し、「わずか36人の中国人だけが生き残った」という衝撃の取材内容を明らかにしたのである。

旅順虐殺による犠牲者の数は諸説あって正確なところはわかっていないが、中国側の史料では1万8000余名となっている。

旅順の市民のほとんどが日本軍の手にかかり、わずかに36人が死体処理の使役人として生き残ったという記事は、まさに日本人の残虐非道ぶりを世界に告発するものとなった。

死体を陵辱された日本兵の復讐!?

それにしても、なぜこのような残虐な行為が行われたのか。直接のきっかけは、先に紹介した、英国「タイムズ」のコーウェンが指摘した、旅順近郊の土《と》城《じょう》子《し》の戦闘で戦死した日本の騎兵隊への死体陵辱だと考えられている。

明治27年（1894）11月18日、旅順市街に突入した兵士たちは、土城子付近の戦闘で生け捕りにされた日本兵の生首が、道路脇の柳の木に吊るされているのを発見する。鼻はそがれ、眼球はえぐられ、耳もなくなっていたという。清国兵は、残虐な方法で傷つけた兵士の死体を、さらに首をはね、腹部を切り裂き、石を詰めて路傍に放置したとされる。

なぜ、そのような行為をしたかといえば、日本兵の首や身体の各部に懸賞金がかけられていたから

だろう。

第2軍の兵士たちは、日本兵の無惨な姿に顔を覆った。怒りが芽生え、同胞の仇を討つという共通意識が生まれ、虐殺へと駆り立てたのではないか、と想像される。

しかし問題は、それが戦闘中に行われたものかどうかである。外国人記者たちが一様に指摘したのは、戦闘中に住民に被害が出たのではなく、すでに雌雄が決していた11月21日以降に、残虐な殺戮が繰り返されたという点である。

それを検証するために、日清戦争当初からの経緯を、今一度、たどってみよう。

兵力で圧倒的に劣る日本軍が各地で勝利

明治維新以来、「富国強兵」「殖産興業」をスローガンに掲げてきた日本は、欧米列強に追いつき、追い越すことを目指してきた。とりわけ、富国強兵を旗印にした近代的な軍隊の創設に力を注いだ明治政府は、国際的な戦闘ルールにのっとった軍隊教育より、まず戦争に勝利することを最優先に置いた。そんな中、朝鮮半島の覇権をめぐって清国と日本が対立、朝鮮国内で戦端が開かれる。

明治27年（1894）7月25日、豊島《ほうとう》沖で海戦、8月1日、両国が宣戦布告して本格的な戦闘が始まるのだ。

当時、清国はアジアで最大の軍事大国といわれた。明治15年（1882）の、福沢諭吉「兵論」によれば、清国の兵力は108万人。それに対し、日本は7万800人といわれ、その差は歴然であった。近代兵器の装備でも、清国は日本を圧倒しており、兵力だけを見れば、日本にとっては〝危険な戦い〟であったといえよう。

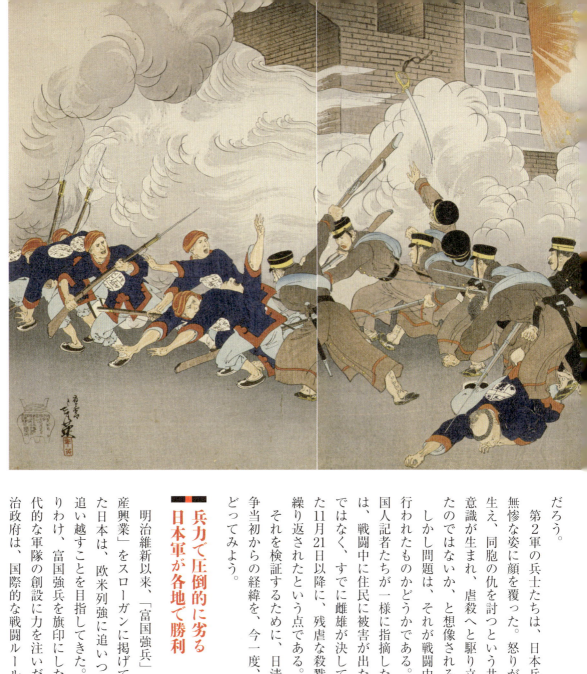

しかしいざ戦いのふたを開けると、劣勢が伝えられた日本軍は、各地で次々と勝利した。

山県有朋《やまがたありとも》率いる第1軍（第3、第5師団で編成）は、9月26日に平壌《ピョンヤン》を占領、鴨緑江《おうりょくこう》に架橋して

「日清戦争錦絵・旅順口之陥落」国立国会図書館所蔵

清国に攻め入り、虎山《こざん》、九連城《くれんじょう》、鳳凰城《ほうおうじょう》を占領、海軍も清国北洋《ほくよう》艦隊と黄海《こうかい》で戦い、これも勝利する。

大山巌を司令官とする第2軍（第1師団、混成旅団で編成）は、10月24日に遼東半島の東岸、花園《かえん》口《こう》に上陸し、連合艦隊との連携を図りながら半島攻略に着手。こちらもいくつかの戦闘、衝突を繰り返しながら、11月21日、難攻不落とされた旅順を陥落させた。

そして事件は、その旅順で起きたのである。

マスコミと国際世論を抑えこみ収束を図る

旅順陥落は、11月21日夕刻とされているが、日本軍は22日以降の3日ないし4日間にわたって「旅順市内で殺戮を繰り返した」ことが、先に紹介した外国の従軍記者たちによって報道されている。

こうした一連の記事は、戦争に勝利したはずの日本政府を大いに苦しめた。というのも、当時日本はアメリカとの間で「不平等条約」の改正を進めており、その交渉に影響を与えかねないからだ。

アメリカでは、従軍記者による旅順虐殺事件の報道後、上院では調印された日米新条約の批准《ひじゅん》に反対する声が沸きあがった。アメリカでつまずけば、他国との条約改正にも影響を与えかねず、内閣総理大臣伊藤博文、外務大臣陸奥宗《むつむね》光《みつ》ら政府首脳は、それをもっとも恐れたのである。

政府は、とりわけ「タイムズ」の報道以後、マスコミ対策に躍起となり、情報収集を図りながら虐殺報道に対し逐一反論し、沈静化を図った。特に外務大臣の陸奥宗光は、駐在大使らを通じて、各国のマスコミの論調が必ずしも「日本軍及び日本政府に対する非難一辺倒ではない」ことを知り、その事実を日本のマスコミ各社に伝えた。

一方で、神戸の外国人居留地で発刊されていた英字新聞「神戸クロニクル」が伝えた内容など、日本政府の意を汲んだ記事を引き合

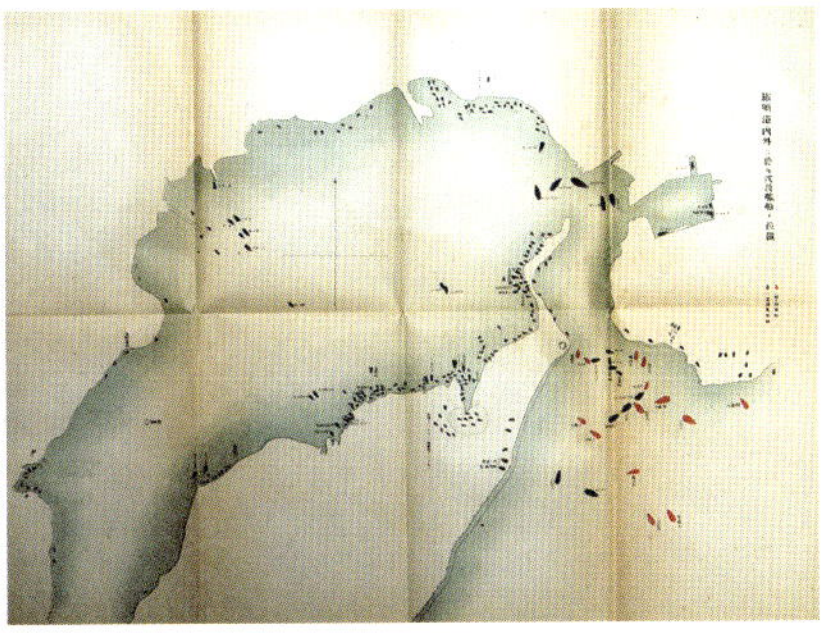

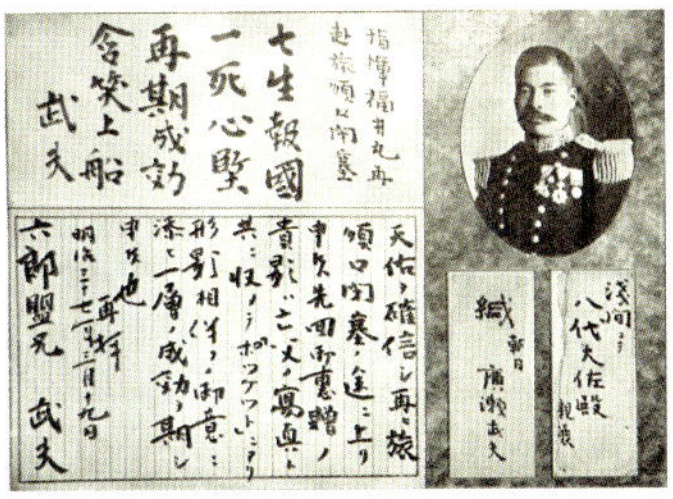

旅順口閉塞作戦

写真左は日露戦争で旅順口に沈められた艦船の位置。写真上はこの閉塞作戦で活躍した広瀬武夫が、先輩の浅間艦長・八代大佐に宛てた書簡。

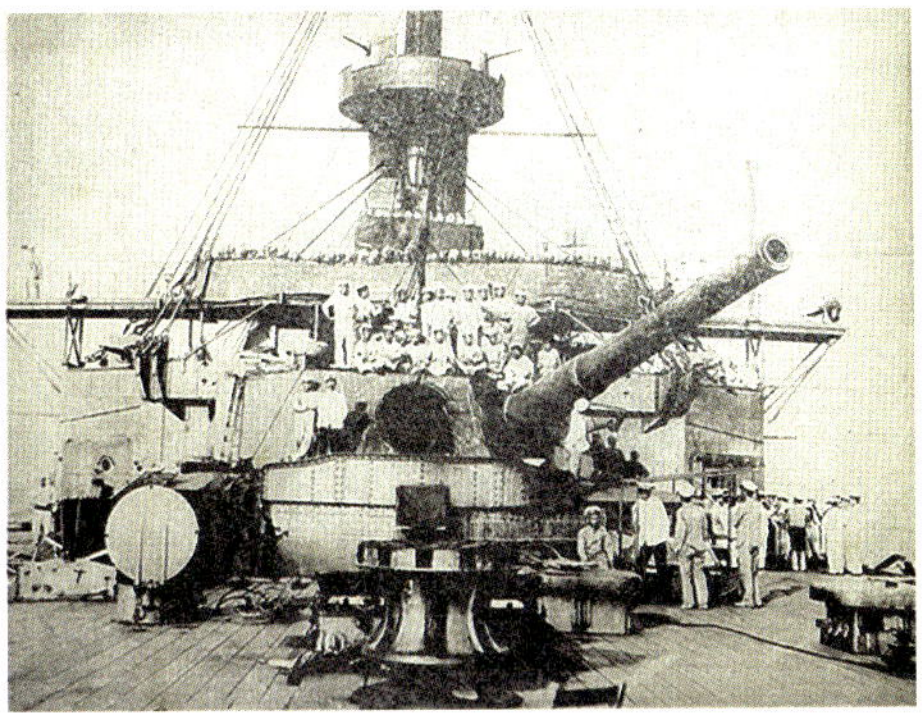

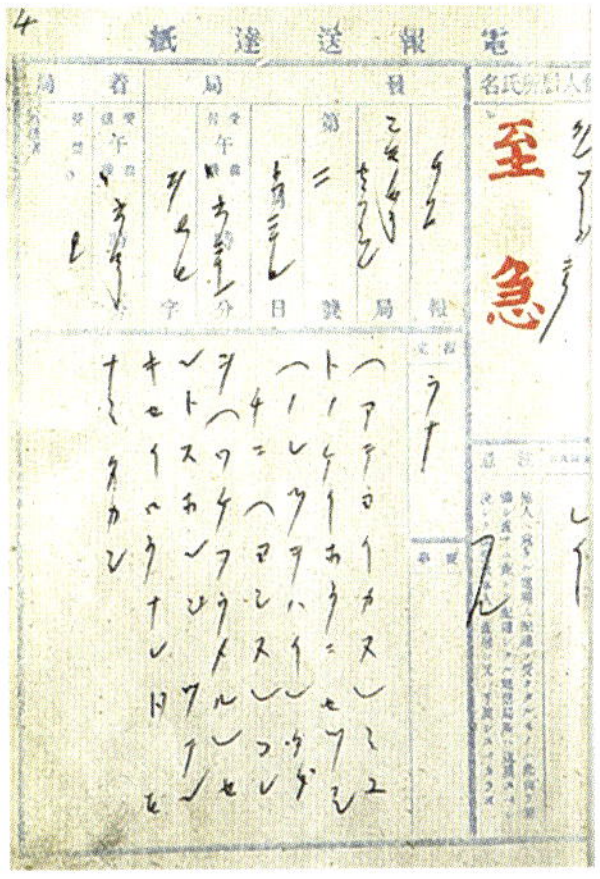

戦艦三笠と日本海海戦

写真右はバルチック艦隊との決戦のため進撃する戦艦三笠が、大本営に送った打電文。最後の「テンキセロウナレドモナミタカシ（天気晴朗なれども波高し）」の一文は、秋山真之が書き加えたもの。写真上は黄海海戦で破損した三笠の後部砲台。

写真提供／4点すべて防衛研究所戦史研究センター

いに、各国に冷静な報道を求めている。

いわく、「外国人で日本を真に知る者は少なく、多くは未開の国だと思っている。……（略）同じ所業を英、仏両軍も近頃までしていたのは事実である。しかし、世間の世論は、英仏両国に対してはよく事情を斟酌する傾向があるが、日本に対してはそうはいかない。何故なら、日本は依然として東洋の一国に過ぎず、野蛮であるとの疑いから免れないからだ。それで今、日本のために案ずるに、婦女子や非戦闘員に対して不必要な残虐な行為をなした者のあるときは、その者の行動に責任を負っている将校を厳重に処罰するのが最上の策といえよう」（井上晴樹『旅順虐殺事件』より）。

いずれにせよ、当時の政府は、国内マスコミを含めた〝挙国一致〟内閣であったことから、国際世論を抑えることで事態の収束を図ろうとしたことが読み取れる。

そうした対応が奏功したのか、結局、最大の懸案であった日米不平等条約の改正は、明治28年（1895）2月5日に批准され、同時に、旅順虐殺事件報道はここを境に終焉を迎えるのである。

日清戦争は、日本政府にとってもともと「文明戦争」と位置づけられ、日本側が国際法にのっとった行動に終始することで、欧米に文明国の資格があることを示そうとしたものであった。それが事件によって海外マスコミから非文明的と批判され、国際世論を刺激する結果となってしまった。

この虐殺事件は日本の外交上の汚点として、今も歴史に刻まれている。

その後、日本は日清講和条約（下関条約）により遼東半島の租借地を獲得する。しかし、ロシア、フランス、ドイツの三国干渉によりすぐに返還。するとロシアは自らこの利権を独占してしまった。日本国民の怒りはロシアに集中、明治37年（1904）の日露戦争開戦へと向かっていく。

埋葬も許可されず鳥獣の餌食となった「逆賊」の遺骸

賊軍となった会津藩への過酷な弾圧

京都で朝廷のために尽力しながら、薩長の陰謀で朝敵とされ不遇の日々を過ごした会津の人々。その恨みは、1世紀以上経った今も晴れていないという。戊辰戦争後の会津藩士がたどった苦難の日々を追う。

戊辰戦争で被弾した会津若松城天守

戊辰戦争で砲弾を受け、修復もされずに雨ざらしになっていた会津藩の居城・若松城の天守。明治7年（1874）7月に解体された。

写真提供／国立公文書館

「戊辰所用錦旗及軍旗真図」

写真提供／国立公文書館

会津人を感動させた徳富蘇峰の名演説

昭和12年（1937）、ジャーナリストの徳富蘇峰《とくとみそほう》は『近世日本国民史』の「会津籠城編」の執筆取材で会津に立ち寄った際、会津若松の公会堂で講演を行った。会場に駆けつけた千人以上の会津人たちを前に、蘇峰はこう熱弁している。

「松平容保《かたもり》公は藩祖正之《まさゆき》公の遺訓を奉じ、尽忠報国の大精神より、慨然として京都守護の重責に任じ、藩の一切を犠牲として永い間孝明《こうめい》天皇の宸襟《しんきん》を安んじ奉った功績は、明々白々たる事実である」

それまで会津は朝敵の汚名を着せられ、人々は苦難の日々を過ごしてきた。だが蘇峰は「会津は朝敵にあらず」と断言し、会津人は皆一様に感激した。一方、蘇峰は話に熱が入りすぎたのか、腸の具合が悪くなってしまい、その日の夕食が食べられなかったという。

2年後、「会津籠城編」の脱稿

を記念して行われた講演でも、蘇峰は「会津藩が一晩にして逆賊になるとはこの世のミラクルだ。人間業ではできぬ。（中略）徳川慶喜公と会津の殿様は逆賊の両横綱となっているが、これはとんでもない大間違いである」と熱弁している。戊辰《ぼしん》戦争で朝敵のレッテルを貼られてから70年。会津の歴史は、ようやく見直されようとしていた。

「会津藩主・松平容保」
写真提供／国立国会図書館

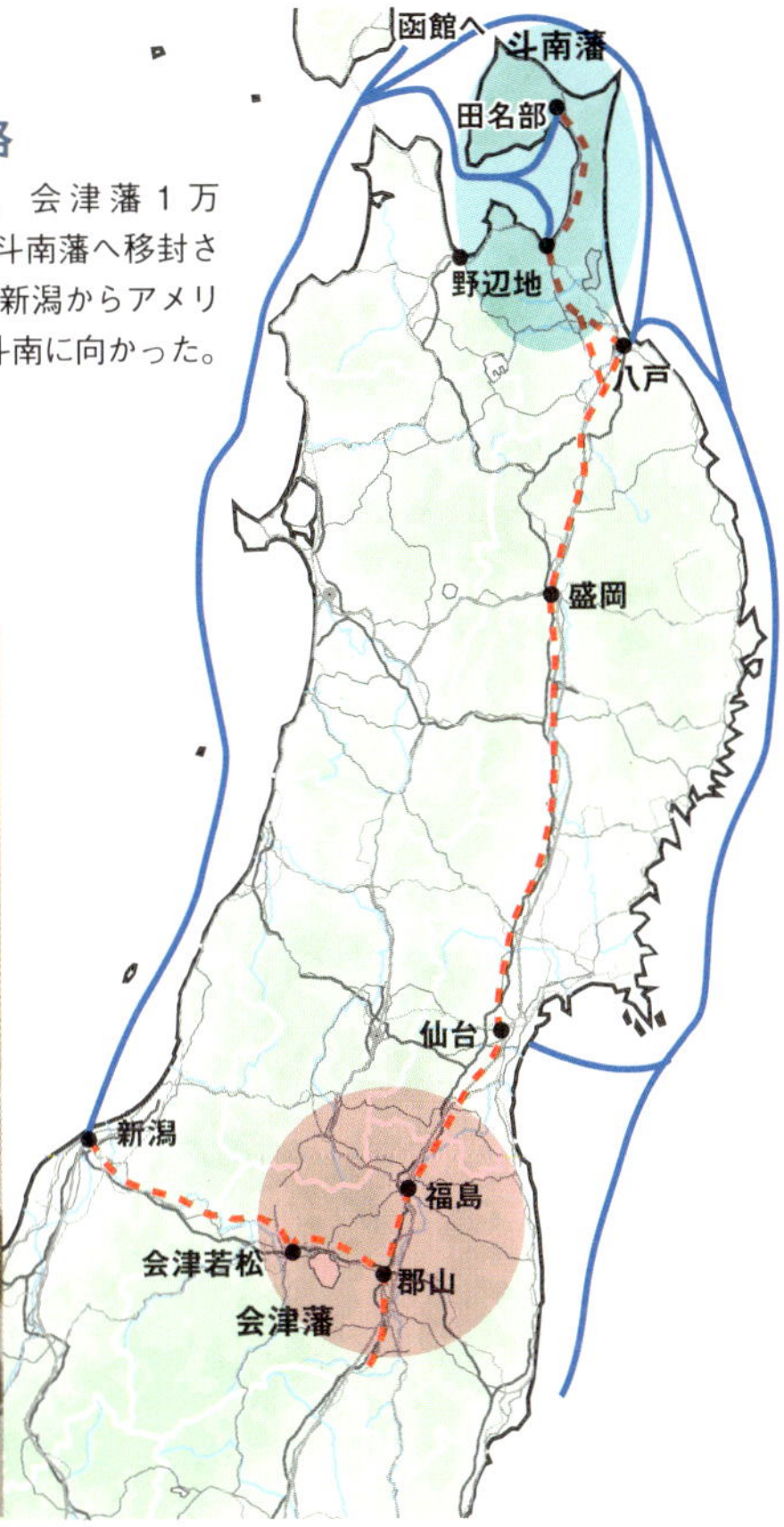

斗南藩移住径路
明治3年（1870）6月、会津藩1万7000人（2800戸）が斗南藩へ移封された。うち7500人が新潟からアメリカ商船ヤンシー号で斗南に向かった。

　会津が朝敵の汚名を着せられたのは、慶応4年（１８６８）に起きた鳥羽・伏見の戦いでのこと。それまで会津は京都所司代として幕府に逆らう者を容赦なく取り締まり、藩主・松平容保は孝明天皇からも厚い信頼を受けていた。ところが孝明天皇の崩御後、大政奉還、王政復古と時代がめまぐるしく動き、朝敵として追いつめていた長州との立場が逆転したのであった。

　鳥羽・伏見の戦いで薩長中心の新政府軍が錦の御旗を掲げると、旧幕府方の面々は狼狽した。譜代や親藩の大名家までもが新政府側につき、旧幕府軍は完全に瓦解した。それでも会津藩は最後まで幕府に殉じ、江戸城が無血開城してからも戦い続けた。

　慶応4年8月、3万の新政府軍が会津の若松城を包囲した。城には砲弾が容赦なく撃ち込まれ、激しいときには1日に１５００発も被弾している。

　戦いでは藩士だけでなく、その親や子、そして「娘子隊」という女性たちも参戦した。しかし新政府軍との戦力の差は明らかで、若松城下には藩士や市民の遺骸が転がるようになった。

　そして1ヵ月に及ぶ攻城戦の末、会津藩は降伏した。家老から庶民まで、老若男女を巻き込んだ戦いは２４０７人の戦死者（『会津藩戦死者受難者人名録』）を出し、終結したのである。だが会津の人たちの苦難はまだほんの序章にすぎず、ここからさらに険しい道を歩まねばならなかった。

会津の地に無残に打ち捨てられた遺体

　新政府軍の会津に対する処置は、苛烈を極めた。特に長州藩は池田屋事件、禁門の変などでことごとく会津に煮え湯を飲まされ、しかも会津戦争では戦いに参加できず、報復の機会を逃してしまった。そのため、戦後処理で会津を苦しめようと考えていたのだ。

　城下の戦死者は「賊徒」として扱われ、埋葬が許されなかった。遺体は長期間にわたり打ち捨てられ、やがて鳥獣の餌食となり、蛆に食われて腐乱した。死臭が周辺一帯に漂い、満足に商売をすることもままならなかったという。

　元来、仏教国である日本には「死

斗南藩データ

◎藩主／松平容大(容保の長男)
◎石高／3万4747石
(実質は5000～7000石で旧会津藩の40分の1)
◎村の数／二戸郡9、三戸郡26、北郡35
※他に北海道西部4郡も支配地となったが入植者はほとんどいない。

斗南での会津藩士たちの暮らしぶり

過酷な環境下で慣れない畑仕事に従事する元会津藩士たち。その暮らしを再現したもの。
写真提供／三沢市先人記念館

んだら敵味方関係なく、誰もが仏様になれる」という死生観があった。だが新政府軍がやっているのは、そんな当たり前のことすら無視した非道なものであった。

会津の人たちの必死の願いにより、数ヵ月後、ようやく埋葬の許可が下りた。だが、遺体の体内にはガスが充満し、手足を持つと抜けてしまうほど腐敗してしまっていた。

さらに遺体の回収には被差別部落の人々が駆り出され、会津の藩士は参加が許されなかった。遺体が粗末に扱われる光景を見て、遺体回収に立ち会った会津藩士たちはみな涙したという。

寺には1500～2000体の遺体が埋葬されたが、あまりに数が多かったので、境内に大きな穴を掘り、その中に亡骸を放り込んだ。それでも遺体が地上よりも盛り上がるほどで、遺体がすべて処理されるのに2ヵ月以上かかったという。

また、福井藩の久保村文四郎という男は、誰よりも会津に対し厳しくあたる人物だった。会津戦争で亡くなった人たちの墓に「殉難者の墓」という墓標が立てられたが、それを見て「朝敵となって死んだのに殉難とはけしからん」と難癖をつけたり、白虎隊士《びゃっこたいし》の遺体の掘り返しを命じるなど、官軍すら諌めるほどの嫌がらせをした。

その結果、久保村は会津藩士の伴百悦《ばんひゃくえつ》という男に斬られ、無残な最期をとげた。この百悦は本望を成し遂げたあとに自刃して果てたが、今も「会津の怨念を晴らした勇士」として、地元で讃えられている。

新政府により会津の領地は没収され、明治2年（1869）11月、新たに下北半島と二戸・三戸郡から成る「斗南《となみ》藩」3万石が与えられた。会津23万石に比べれば大幅な石高減だったが、人々は「新たな領地がたとえ北の僻地でも、一生懸命開拓すれば再び豊かな暮らしができる」と淡い希望を抱いていた。

だが、藩士とその家族が海路陸路で斗南に入ったとき、その希望は打ち砕かれてしまう。斗南の地は火山帯で周辺が火山灰に覆われ、耕作には明らかに不向きな土地だった。また、春から夏にかけては冷害の原因となる季節風が吹き荒れ、これもまた作物を育てる上で大きな障害となった。

冬になると、会津人ですら凍え震える零下20度の寒さが斗南を襲う。粗末な家に住む人の中からは凍死者が相次ぎ、約2300人が寝たきりになった。

藩から支給されたのはわずかな玄米ばかりで、人々は生きていくために何でも食べた。ときには木の根を食べて、飢えをしのいだこともあったという。

下北の人はそんな斗南藩の人たちを見て、「会津のゲダカ（毛虫）」などと陰口を叩いた。そこには「毛虫のように何でも食べる」という意味が含まれていたが、それでも会津の人々は必死に耐え続けた。慣れない鍬を持ち不毛の地を耕していても、会津武士のプライドだけは捨てていなかったのだ。

逆境から這い上がった傑女・新島八重

新政府からは「3万石の領地だから」と言われていたが、実際の石高は7000石程度しかなく、最初から藩の経営が破綻するのは承知のうえで、新政府は会津の人々を斗南に移住させたのだ。斗南の窮状を知った長州出身者は、会津人が苦しむ様を想像し、ほくそ笑んでいたに違いない。一方、会津の人たちは「いつか薩長を見返す」という思いを胸に秘め、我慢強く暮らした。

廃藩置県で斗南県と改称され、さらに藩主が上京すると、移住者は散りぢりとなった。その多くは会津に戻り、元の暮らしを取り戻したという。だが、新政府による苛烈な扱いは続いた。学校では「会津は奥羽の諸藩と申し合わせ、官軍に手向かった」など、あたかも会津が悪役だったかのような教育が施された。

しかし、そんな忍従の日々を乗り越え、大成した会津人は多い。会津戦争ではみずからスペンサー銃を持って奮戦した新島八重《にいじまやえ》もその一人で、維新後に同志社の創立者・新島襄《じょう》と結婚し、福祉活動などに精を出した。皇族以外で初めて女性として政府から叙勲を受ける快挙を成し遂げた彼女のエネルギッシュな生き方は、今も人々を魅了している。

徳富蘇峰は同志社英学校に入学して新島襄の教育を受けたが、妻の八重とも親しく、手紙のやり取りも盛んに行っていた。蘇峰は彼女の強くて芯のある生き様に刺激を受け、会津の〝真の歴史〟の執筆を志したのだろう。

その後、蘇峰らの努力が実り、昭和16年（1941）の国定教科書に「朝廷では、容保がかつて京都を守護して、忠勤にはげんだことを思し召され、その罪をおゆるしになつた上、正三位をお授けになつた」という一文が加えられた。会津が朝敵のレッテルを拭い去られるのに、実に70年以上の歳月を要した。

戊辰戦争120周年のときには、長州藩の本拠があった萩市が会津若松市に友好都市の提携を申し込んだが、会津側が「まだ120年しか経っていない」と断っている。

今も会津人の長州への恨みが根深いことがうかがえるが、東日本大震災後には萩市が会津若松市へ義援金と救援物資を送るなど、新たな絆も生まれている。

「戊辰所用錦旗及軍旗真図」
写真提供／国立公文書館

時代によって変わる英雄の真実

英雄から悪党へ 楠木正成の実像

天皇のために戦い散った忠義の武将・楠木正成。第2次世界大戦後に評価が見直された英雄・楠木正成の実像に迫る。

千早城跡

金剛山中腹に築かれた楠木正成の居城。三方を深い谷が囲み、残りの一方は金剛山の山頂へ連なる尾根となっている。現在でも険しい道が続く山城である。

写真提供／フォトライブラリー

第2次世界大戦で再評価された楠木正成

戦前と戦後で、知名度や人物評価が大きく変わった人物は多い。なかでもヤマトタケルと楠木正成《くすのきまさしげ》は極端に変わった例だろう。いずれも皇室の武力として天皇のために戦い、最後は天皇のために生命を落とすという、戦前の皇国史観の提唱者たちから見れば「極めて都合のよい」人生を送った人々だ。

楠木正成については、江戸時代の国学の興隆の中から再評価が進められ、明治維新後に南朝の正統性が国家として公認されると、「忠臣」として正一位を追贈されるまでになった。こうしたことが、正成の生涯が後の皇国史観において盛んに利用されることにつながっていった。

第2次世界大戦中、楠木正成を象徴する「大楠公《だいなんこう》」の精神は、ガダルカナル島などの激戦地の前線でしばしば称揚され、さらには神風特攻隊や人間魚雷の「回天」、戦艦大和の海上特攻などの自爆作戦を肯定する論理の中でもしばしば引用された。率直に言えば、大戦末期の安易な玉砕作戦のなかで、「大楠公」は当事者たちの思考を停止してしまうための極めて便利なキーワードとして使われ続けた。

だが、そんな経緯ゆえに、楠木正成の伝記は戦後になると受けが悪くなり、小学校の教科書に登場することもなくなった。結果、現代の日本における彼の知名度も大

「秩父巡礼三十三番小坂下
延命山菊水寺楠正成」
国立国会図書館所蔵

「後醍醐天皇肖像」清浄光寺（遊行寺）所蔵

幅に下がることになった。

戦後の歴史学の世界では、楠木正成について「悪党（12〜14世紀頃、既存の荘園体制に反抗した武装集団）」の代表格として、等身大の姿を読み直す動きが進んでいる。

歴史の闇の中に垣間見える実像

楠木氏は、南北朝の動乱期になってから歴史上に彗星のように登場し、消えていった一族である。顕著な活躍が見られるのは、楠木正成本人のほか、正季《まさすえ》・正家・正行・正儀《まさのり》ら、彼の兄弟か息子のわずか2世代のみ。その後は南朝の没落とともに歴史から姿を消す。ほとんど、正成一人の活躍によって歴史の表舞台に引き上げられた一族なのだ。

そもそも正成にしても、元弘《げんこう》元年（元徳《げんとく》3年・1331）の挙兵からその死までのわずか6年間しか、史料による事績の裏付けは取れていない。

そのため、楠木正成の正確な生年や出身地には諸説あり、父の正しい呼び名（ひとまず「楠木正遠」とされる）すらも不明である。もともと、河内国で鉱物業者や物資輸送業者などを従えた土豪の出身なのではないかともいう。

楠木氏に、鎌倉幕府との臣属関係があったのかは不明だが、彼らの勢力範囲が立地的に京に近いことと豊富な財力を誇ったことから、朝廷の貴族と接点を持っていたらしいという説がある。

そんな楠木正成が、突如として史料上に浮き上がるのは、鎌倉幕府最末期の元弘の乱のなかでのことだ。元弘元年の秋、鎌倉幕府の打倒を狙った後醍醐《ごだいご》天皇は、三種の神器を持って京都を脱出して、武装の上で笠置山《かさぎやま》に籠城。その際、楠木正成は和泉《いずみ》国若松荘に押し入り不法占拠して年貢を強奪し、当該の荘園の領主である臨川寺《りんせんじ》から「悪党」と呼ばれることになった。

正成によるこの盗賊行為は、単なる乱暴狼藉ではなく、後醍醐天

「楠木正行公一代記・桜井の別れ」如意輪寺所蔵

皇からの指示を受けた上で笠置山戦線向けの兵糧を調達していたのだろうと考えられている。

この倒幕劇は結果的に失敗し、1ヵ月後に笠置山は落城する。だが、正成はそこから逃れた護良《もりよし》親王(大塔宮《だいとうのみや》)を盛り立て、なおも赤坂城へと立てこもり、幕府方の湯浅宗藤《ゆあさむねふじ》と交戦。これが記録上における正成の最初の戦場となったが、多勢に無勢でやがて赤坂城は落ち、正成は大塔宮とともに一時行方をくらますこととなる。

ただし、正成は翌年に左衛門尉に昇進しており、倒幕運動のかどで隠岐への流刑に処された後醍醐天皇と、正成が連絡を取り続けていたらしきことが確認できる。

ゲリラ戦法で幕府を翻弄した正成

翌年末、正成は再度挙兵して赤坂城を攻め、城の支配権を湯浅宗藤から奪還。宗藤を自身の配下とした。加えて、正成は翌年初めに河内《かわち》から紀州に進出して地盤を固めた後、和泉国の北方に兵を返して自分の勢力範囲を大きく広げていく。一連の軍事行動の過程で、天王寺では幕府軍と遭遇しているが、鎧袖一触《がいしゅういっしょく》で打ち破った。

こうした正成の快進撃に対して幕府側は激怒し、北条一門の貴公子・北条治時《はるとき》(阿蘇治時)を総大将、有力御家人の長崎高貞《たかさだ》を軍奉行とする大軍を動員。正成側はさすがに不利となり、楠木氏の本城である上赤坂城が落城するなど大いに危機に陥ったが、その後に驚異的な粘りを見せることとなる。

千早城《ちはやじょう》に入った正成は、千人程度の城兵を叱咤激励しつつ、城外の野伏と連携してのゲリラ戦法や、山城に取りつく幕兵に対する油攻め・石攻め・丸太攻めなどで猛烈に抵抗。千早城内に水源地があったことで長期籠城が可能となり、数万人の幕府軍を一ヵ所に釘付けにし続けた。

正成の奮戦に幕府側が戸惑っている間に、幕軍側として京都へ派遣されていた有力御家人の足利尊《たか》氏《うじ》が後醍醐天皇に寝返り、六波羅探題を攻撃して陥落させる。

さらに新田義貞《にったよしさだ》が上野国で挙兵する。これに呼応した関東の御家人たちと鎌倉を攻略したことで、鎌倉幕府と北条氏は滅亡することになる。

正成は千早城攻めの囲いを解いて撤退を始めた旧幕府軍を追撃して蹴散らしたうえで、隠岐から帰

敗者こそが英雄となる日本社会

還した後醍醐天皇に面会。天皇の京都帰還を助けることになる。

元弘3年（正慶《しょうきょう》2年・1333）の夏、帰洛した後醍醐は建武の新政を開始。倒幕の当初から働き続けた楠木正成は大いに高い評価を受け、検非違使、記録所寄人、雑訴決断所奉行人、河内・和泉の守護など多数の職を得るに至った。後醍醐天皇の信認のほどがうかがえる人事であった。

武士の離反を招いた天皇に最後まで従う

だが、時代錯誤の天皇親政を掲げた建武の新政は武士の支持を得られず、特に足利尊氏を中心として離反の動きが強まっていく。

建武2年（1335）には、正成の主筋にあたる護良親王と尊氏が対立。護良親王は父の後醍醐天皇ともぎくしゃくした関係にあったため、正成の立場は微妙なことになったが、正成は最終的に後醍醐に従う道を選び、建武体制の維持に力を尽くすこととなる。

同年、北条氏の残党が蜂起した中先代《なかせんだい》の乱が発生。足利尊氏はこの鎮圧に向かうも、後醍醐天皇が人事面で尊氏に対して酬いないなど朝廷側の政治的失策もあって、ついに乱の鎮定に出陣したまま建武体制を離脱。尊氏は関東に割拠することとなり、後醍醐天皇が尊氏討伐のために派遣した新田義貞軍をも撃破。建武の新政は骨抜きになってしまった。

延元《えんげん》元年（建武3年・1336）年明け、東国から上洛を目指した尊氏軍に対して、正成は天皇側に立って応戦。一進一退の戦況の後、北畠顕家《あきいえ》や新田義貞と連合することで尊氏を京都から追い出し、九州へと下らせることに成功する。

しかし、尊氏は春になると復活し、西国から5万の兵を連れて東上。正成はこれを迎え討とうとするも、同盟軍の新田義貞陣営が尊氏軍に敗北して戦力が大幅に落ちてしまい、楠木陣営は湊川《みなとがわ》で大量の敵兵に囲まれて奮戦するも、衆寡敵せず無残にも壊滅した。

戦局が定まった後、正成は弟の正季と刺し違えて自害した。『太平記』は、彼らの死の直前、正季が「七生まで只同じ人間に生れて、朝敵を滅さばやとこそ存候へ」と尊王の思いを口にし、正成を喜ばせたと伝えている。

その後、南北朝は分裂。正成が思いを託した南朝方の勢力は徐々に衰微し、ついに60年後には北朝に吸収されることとなった。

第2次世界大戦中に日本文化を研究し、戦後、日本の英雄についての著書『高貴なる敗北』を発表した英国人将校アイヴァン・モリスは、世俗的な成功者である尊氏と、高潔な敗北者である正成の関係を、源頼朝と義経との関係になぞらえて論じている。

歴史を発展させたか否かという視点で見るならば、新時代の建設者である頼朝や尊氏の方が、はるかに立派に見える、「日本以外ならばどの国においても、時代に傑出する英雄」だ。

だが、日本という国の風土は、成功者の頼朝や尊氏を敵役として、彼らに対して反抗して死んでいった義経や正成を「英雄」であるとみなしてしまう。

成功した生存者よりも、気高く滅びた敗者に人気が集まる。モリスに言わせれば、そんな日本社会に特有の英雄創出のパターンに見事に当てはまる人物こそ、楠木正成なのであった。

元寇で日本と戦ったのはモンゴル兵ではなかった！

神風の犠牲になった高麗兵たち

日本史上最大の危機となった蒙古の襲来。“神風”のおかげで日本は奇跡的に救われたが、その神風で犠牲になったのは高麗兵や漢人たちだった……。

「蒙古襲来合戦絵巻」国立国会図書館所蔵

モンゴルに逆らい続けた高麗の人々

元寇《げんこう》と聞くと、日本の鎌倉武士とモンゴル（蒙古《もうこ》）の騎馬民族の戦いと想像する人が多い。だが、元軍のほとんどは駆り出された朝鮮（高麗《こうらい》）や中国（南宋《なんそう》）の人たちで、日本の危機感とは裏腹に、その士気は著しく低かった。元は2度の戦役（文永《ぶんえい》の役、弘安《こうあん》の役）を通じ、高麗の人たちを徹底的に利用していたのだ。

元の前身であるモンゴル帝国が初めて高麗に侵攻したのは、寛喜《かんぎ》3年（1231）のこと。それまでは友好的な関係を築いていたが、モンゴル側の使節が殺害されたことで両者の仲は険悪になり、騎馬軍団が鴨緑江《おうりょくこう》を越えて牙をむいた。

あっという間に高麗の首都は陥落し、このとき蒙古軍は講和の条件として「1万枚の毛皮、2万頭の馬、100万人分の軍服と大量の奴隷」という無茶苦茶な条件を

「てつはう」が炸裂

宮内庁が所蔵する「蒙古襲来絵詞」を模写したものとみられる。右は「てつはう」が炸裂する中を馬上の竹崎季長が敵に向かって突き進もうとしている場面。ほかにも蒙古船に攻め込む様子や、蒙古兵の姿が描かれている。
「蒙古襲来合戦絵巻」
国立国会図書館所蔵

提示した。なにごとも力ずくで物事を進め、勝ちにこだわるのがモンゴル流だった。

戦いのあと、蒙古軍は各都市に72人のダルガチ（統治官）を置いて撤退した。ところが、高麗側はこれを全員殺害。江華島《こうかとう》に朝廷を移し、蒙古軍の襲撃に備えた。陸続きの場所で戦えば蒙古軍が圧倒的に有利だったが、海をはさめばその脅威は半減できると読んだからだ。

その読みは見事的中し、蒙古軍は高麗政府本体を陥落させることができなかった。だが、朝鮮半島は徹底的に蹂躙され、民衆は掠奪に遭い、貴重な遺跡・遺物は焼かれた。

これには高麗の王室も参ったようで、王室から人質を出す条件で和議を結び、蒙古軍は撤退する。ところが、モンゴルに送られた人質は王室とは無関係の人ばかり。モンゴルは激怒し、再び蒙古軍の侵攻が始まる。蒙古軍は高麗国土を荒らしまわり、『高麗史』には「蒙古軍が経る所の州都みな灰燼となる」「骸骨《がいこつ》野を蔽《おお》う」など、悲惨な状況が記されている。

こうして30年近くにわたる争いの末、高麗はモンゴルに降伏した。その後は元に恭順する形をとったが、モンゴルの支配に不満を抱く武官も多く、両者はしばしば対立を繰り返す。

高麗武官の反乱で元寇は3年遅れていた!?

モンゴルが高麗を攻めたのは、中国大陸で抵抗を続ける南宋を追いつめるためだった。中国と朝鮮を切り離すことで南宋の弱体化を図ったのである。

そして、次に狙いを定めたのが日本であった。

日本と南宋は正式な国交こそ結んでいないものの、平清盛の時代から盛んに貿易を行うなど、その関係は深かった。そこでモンゴルは日本を自分たちの味方に引き込み、南宋をさらに孤立させようとしたのだ。

元寇と聞くと「モンゴルが日本を支配するために侵攻した」と思う人も多いが、実際、モンゴル側は日本と仲間になりたかっただけなのだ。

文永3年（１２６６）、元の初代皇帝フビライ・ハンは日本に向けての国書を高麗経由で送ることになった。だが高麗は「将来、モンゴルが日本に侵攻する事態になったら、またひどい目に遭うのでは」と恐れを抱き、モンゴルの使節団が来るのを嫌がった。

高麗側は使節団に冬の荒れた日本海を見せて、「こんな海を渡って日本に行くのは危険すぎます」と訴えた。

その報告に激怒したフビライは高麗の官僚に向かって「それならお前らが日本に国書を渡してこい！」と厳命する。

これには高麗側も従わざるをえず、潘阜《はんぷ》という役人を日本に派遣したのである。

鎌倉幕府に、蒙古の国書と高麗王の手紙が届いたのは文永5年

「蒙古襲来合戦絵巻」国立国会図書館所蔵

（1268）。そこには「日本と友好的な関係を築きたい」と書かれており、「武力による征伐」はほのめかす程度だった。返答に困った幕府は、この国書を朝廷に送り、うかがいを立てることにした。

こうして京に蒙古の国書が送られたが、保守的な人間が跋扈する朝廷で「モンゴルと仲良くしよう」と決断するはずがない。結局、返事をしないまま潘阜を半年以上大宰府に留め置き、彼は失意のうちに高麗へと帰国した。

しびれを切らしたフビライは「武力侵攻もやむなし」という決断に至ったものの、思わぬ出来事が起きてしまう。文永7年（1270）、高麗がモンゴルに服属するのをよしとしない「三別《さんべつ》抄《しょう》」という軍団が反乱を起こしたのだ。

反乱は文永10年（1273）に鎮圧されたが、この蜂起のおかげで元軍の日本襲来は3年延びた、といわれている。本来なら幕府は彼らにもっと感謝すべきところなのに、三別抄から救援の依頼が来たとき、幕府はこれを黙殺した。

元寇で「神風」は吹かなかった!?

日本侵攻に際し、フビライは高麗に大小900の船の建造を命じた。工事期間は短く、しかも費用は高麗持ち。これでは職人たちの士気が上がるわけもなく、半年あまりで完成した船はどれも粗悪なものばかりであった。

こうして文永11年（1274）10月3日、元と高麗の連合船団が朝鮮半島を発った。元の兵約2万5000、高麗の兵約8000で構成され、対馬に向かったのである。

遠征軍は対馬と壱岐を荒らしまわり、島民を見つけると老若男女の区別なく殺害した。そして10月19日、その船団は博多湾に現れた。

待ち受けるのは、九州の御家人を中心とした日本軍10万余騎。陸上戦においては強さを誇ったモンゴル兵だが、海をはさんでの上陸

海に沈んだモンゴルの船と高麗の兵たち

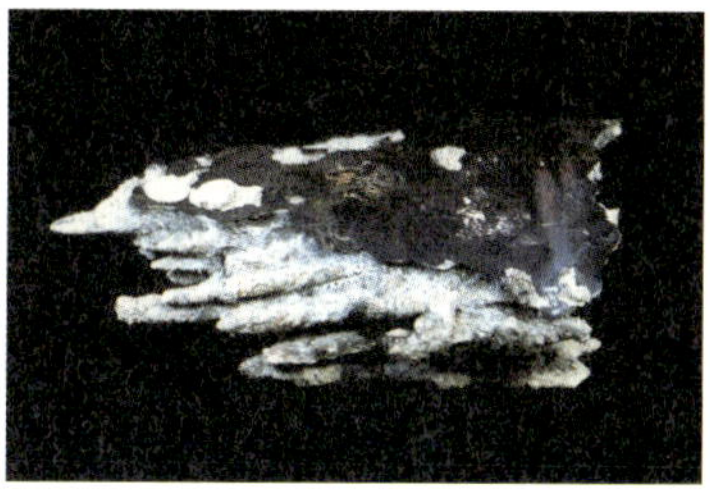

海中に眠る元寇の痕跡

写真上は長崎県の鷹島海底遺跡調査の様子。下は海底調査で見つかった弓矢の束と矢筒の漆皮袋。

写真提供／松浦市教育委員会

戦では、その威力は半減した。

それでも彼らは「てつはう」などの兵器を駆使し、日本兵を苦しませた。ところが高麗兵は戦いが不利になると船に逃げ帰ってしまった。彼らは雇われただけで日本に対して敵意はなく、兵の士気は低かった。

そして7年後の弘安4年（1281）、再び元軍が博多湾に押し寄せた。今度は元・高麗を主力とした東路軍約5万と、滅亡した南宋の江南軍約10万という大軍であった。

だが、日本軍も準備を整えており、戦況はフビライの思惑どおりには進まなかった。加えて高麗・旧南宋人とモンゴル人との間の指揮系統が混乱し、さらに疫病《えきびょう》が蔓延して兵たちを苦しめた。

しかし、このまま敗れて帰国すれば、フビライに断罪されるのは間違いない。そこで指揮官たちは東路軍・江南軍による総攻撃を決断するが、その前夜、台風による暴風雨に見舞われ、元軍の船は壊滅的な被害を受けた。

大波が碇のロープを引きちぎり、高麗の王族出身の将校も海に投げ飛ばされて溺死した。一夜明けると、船はほとんど失われてしまった。意気消沈した元軍は、残った船をまとめて引き返した。幸運にも生き残り、島に流れ着いた兵もいたが、島民に容赦なく撲殺されたという。

捕虜として捕まった兵も、その末路は同じであった。日本と親しかった旧南宋の人たちは助けられ、モンゴル人や高麗人は容赦なく殺された。高麗人も間接的に日本を救ったはずだが、この扱いにはあまりに惨いものがある。

中世の火あぶりの様子。

世界史の隙間

魔女狩り

教会の命令が発端となった中世の大虐殺！

魔女を焼く黒煙に覆われたヨーロッパ

14～17世紀のヨーロッパでは、教会による魔女狩りが熾烈《しれつ》を極めていた。正確な数は不明だが、この300年間に拷問によって殺された犠牲者は、数十万とも数百万ともいわれる。

魔女狩りの背景には当時の社会不安があった。全人口の3割の命を奪った黒死病（ペスト）の流行、極端なインフレなど、民衆は極度な不安にさらされていたのである。彼らは疫病《えきびょう》や農作物の不作が起こるたび、それらを引き起こしているのは魔女のしわざと考え、残酷な「魔女狩り」によって行き場のない不安のはけ口とした。

一方で、カトリック教会の動きも見逃せない。ヨーロッパに広がった宗教改革運動に対抗すべく、ローマ法王は修道会による異端審問を強化させた。これが「魔女狩り」の前身である。法王の命令を受け、司教や官憲以上の権限を持った異端審問官は、魔女の撲滅を至上の使命とし実行した。

特に迷信深いヨハネス法皇は魔女狩りの解禁を明言すると、毎年のように魔女狩りの強化令を発布した。そのため、14世紀には異端審問官による魔女狩りが横行し、15世紀になるとその狂気は頂点に達したのである。

密告されたら最後、魔女裁判

異端審問は徹底的に行われた。14歳以上の男性、12歳以上の女性には密告の義務があり、それを怠ると自分が監獄に送られる。そのため人々は疫病が流行ったり、天候不順で農作物が不作だったりするたびに、日頃好ましく思っていない人物を魔女だとはやしたて、人を陥れるとともに自身を守った。

魔女とされた人々のほとんどが純朴な農民だった。教会は魔女と確定すればその財産を全額没収できる。つまり魔女裁判は財産没収が目的であり、審問・自白のための拷問・魔女の宣告・処刑は流れ作業であった。

また、教会はひとりでも多くの魔女を探すため、共犯者を白状するまで拷問を続けた。なお、この場合の魔女は「女性」だけではない。資産家たちも妬みから「魔女」と密告された。魔女とされた者は自分を陥れた人々を道連れにしようと自供したため、共犯者は際限なく増えていった。

魔女裁判は処刑を前提としていたため、行われる拷問は残虐なものであった。まず、魔女の嫌疑をかけられた者は、「針刺し法」によって魔女かどうかを調べられた。魔女は使い魔である動物に血を分け与えるので、その体には傷があるとされる。

そこで、被疑者を裸にして拷問台に拘束し、全身の体毛を剃《そ》り落として「魔女のしるし」を探し出したのである。魔女のしるしとはホクロやあざ、染みのことであったから、誰もが該当した。さらにその部分は魔法によって感覚がなくなっているとされ、全身を針で刺された。まぶたや舌の裏、性器までも針でえぐられるのである。

魔女として確定すれば、今度は共犯者を密告するまで拷問が続けられる。「爪剥《は》ぎ」や「目つぶし」は軽いほうであった。「吊り落とし」といって、後ろ手に縛って高い場所にある処刑台に吊るし、一気に縄を緩める方法がある。また、両膝《ひざ》を万力《まんりき》で締めつけて肉を砕き、骨を粉砕する「万力責め」や皮のブーツを履かせてその中に煮えたぎった湯や油を注ぐという「ブーツ責め」などもある。

拷問に耐え抜いたとしても、最後は火刑に処されることは決まっていた。絞首されてから火にかけられるのは特例で、大抵は生きながら焼き殺された。煙で気を失ったり窒息死できればいいほうで、薪に水をかけて火力を弱めた上でじわじわと焼かれることさえあったという。

第2章

意外と知らない あの英雄の 驚きの末路&怪事件

今も取り沙汰される「天海＝明智光秀」同一人物説

家康のブレーンの一人 天海上人

日光東照宮や寛永寺を築き、徳川三代の治世を支えた天海上人だが、その出自に関しては謎が多い。本能寺の変を起こした明智光秀と同一人物という説はどこから生じたのか。天海上人の人物像に迫る。

天海大僧正肖像画

天海大僧正は、関東天台宗の本山と定められた喜多院の第27代住職でもある。喜多院には肖像画のほか、木造坐像も現存する。

川越喜多院所蔵

自分の前半生を語らなかった天海僧正

天正10年（1582）6月2日、明智光秀は本能寺の変で織田信長を討ち、京とその周辺を掌握して〝天下人〟となった。ところが中国大返しで戻った羽柴秀吉との戦いに敗れ、敗走中に落ち武者狩りに遭って非業の最期を遂げた。

これがよくいわれている光秀の末路だが、江戸時代の随筆『翁《おきな》草《ぐさ》』には「殺されたのは光秀の影武者で、光秀は美濃《みの》へ逃亡して75歳まで生きた」と記されている。また、敗戦後に京都の妙心寺へ逃げ込み、自決しようとしたが寺の和尚に説得されて思いとどまったともいわれている。

このように、光秀にはさまざまな生存説が語られている。生き延びた光秀の〝その後〟も「出家して静かに余生を送った」など諸説あるが、なかでもよく語られているのが「天海《てんかい》僧正として徳川政権に仕え、幕府のブレーンとして活

日光東照宮・陽明門（国宝）

家康を神として祀る日光東照宮。その建設の総指揮をとったのも天海である。

写真提供／日光東照宮

躍した」という説である。

天海が明智光秀と同一人物であると噂されるようになった背景のひとつに、2人の出自のあやふやさがある。天海の伝記『東叡山開《とうえいざんかい》山《ざん》慈眼大師縁起《じげんだいしえんぎ》』には天文5年（1536）、陸奥《むつ》国会津郡高田で生まれたとされている。だが天海が自分の前半生を語りたがらなかったため、この記述が正しいかどうかはわからない。一説には、足利将軍の落とし子だったともいわれている。

天海は寛永20年（1643）に亡くなったが、仮に伝記の生年が正しいとすると、彼は108歳で大往生を遂げたことになる。

日光東照宮の建物に明智の桔梗紋を用いる

一方、明智光秀の出自も謎に包まれている。彼は織田信長と足利義昭《よしあき》の仲を斡旋し、義昭を将軍職に据えたことで歴史の表舞台に現れるが、それまでの経歴は不明な部分が多い。『明智軍記』や『細川文書』から生年は享禄《きょうろく》元年（1528）とされているが、これもさまざまな異説がある。

2人の経歴にはミステリアスな部分が多いが、天海が歴史の表舞台に現れたのは、ちょうど光秀が亡くなったあとからである。もし2人が同一人物であれば、天海が前半生を語ろうとしなかったのも無理からぬ話だ。

また、家康が幕府における政治・宗教の最高顧問として天海を重用したのは、光秀（天海）が本能寺の変で信長を倒した功に報いるためだったとも推測できる。家康は信長の命で正室と長男を泣く泣く死に追いやったため、信長を倒す動機がなかったわけではない。光秀と組んで本能寺の変を起こし、その後再会して徳川政権を築いていったのかもしれない。

天海と家康が古くからの知り合いだったことをうかがわせるエピソードのひとつに、お福（春日《かすがの》局《つぼね》）の話がある。彼女は3代将軍家光の乳母として江戸城内の権力

寛永寺・常憲院殿《じょうけんいんでん》霊廟 勅額門《ちょくがくもん》

天台宗の関東総本山・寛永寺は、寛永２年（1625）開創。初代住職が天海大僧正で、歴代将軍６人が眠る。写真は宝永6年（1709）に5代綱吉の霊廟勅額門として建立。戦災で多くが焼失したが、勅額門、水盤舎、奥院宝塔、奥院唐門のほか、有徳院、温恭院、天璋院、孝恭院の各宝塔が残る。（廟内非公開）

写真提供／寛永寺

を裏で掌握していたが、天海には異常なほどの敬意を払っていた。

しかも天海と初めて会ったとき、彼女は「お久しぶりです」と言ったという。お福の父は明智家重臣の斎藤利三《としみつ》で、彼女からみれば光秀は主筋にあたる。

そして、天海は家康を神格化した東照大権現を祀った日光東照宮の造営を主導しているが、この東照宮にも「天海＝光秀」説を裏付ける根拠がある。

例えば、日光東照宮の陽明門には随身像《ずいじん》があるが、会計学者で埼玉大学名誉教授の岩辺晃三氏は、随身像の袴に明智氏の家紋である桔《き》梗《きょう》紋《もん》がかたどられていることから、この像が光秀だと指摘している。桔梗紋は東照宮の他の装飾部分にも施されており、「天海＝光秀」説の根拠のひとつになっている。

ただし、桔梗紋は加藤清正や山《やま》県《がた》昌景など多くの戦国武将が使用していたため、光秀を意識して装飾したとは言い切れない。

寛永寺の主要な堂宇は幕末の上野戦争で消失。現在の根本中堂は、川越喜多院の本地堂を明治時代に移築した。上野公園内には、ほかに清水観音堂（国・重要文化財）などいくつかの堂宇が残っている。五重の塔は寛永16年（1639）創建。高さ33.6m。都内に現存する五重塔は、池上本門寺とこの塔のふたつだけである。
写真提供／寛永寺

また、日光には「明智平《あけちだいら》」と呼ばれる見晴らしのよい場所があるが、この地を命名したのは天海だったといわれている。仮に光秀と天海が同一人物であれば、天海が自分の名前を日光に残すため、こう名付けたのかもしれない。

「かごめかごめ」に潜む天海＝光秀説の裏付け

他にも「天海＝光秀」説を後押しする材料のひとつに、2代将軍秀忠、3代将軍家光の名前がある。

2人の名付け親は天海であるといわれるが、「光秀」の字をそれぞれひとつずつ用いたという推測もある。しかし、秀忠の「秀」の字は豊臣秀吉から賜ったものなので、これを同一人物説に結びつけるのはやや強引ともいえる。

そして、天海僧正がつくったともいわれる童謡『かごめかごめ』にも、天海と光秀の同一人物説を裏付ける暗号が隠されている。

竹などで編んだ籠の網の目が六角形になったものを籠目《かごめ》（六つ目編み）というが、家康ゆかりの地である江戸・日光・駿河・佐渡と明智氏に縁がある土岐《とき》・明智神社を結ぶと、籠目の六角形が浮かび上がる。これが家康と光秀の結びつきを暗示しているというのだ。

「かごめかごめ　かごの中の鳥は　いついつでやる　夜明けの晩に　鶴と亀がすべった　後ろの正面誰？」

『かごめかごめ』といえばこの歌詞が有名だが、「鳥」は光秀ゆかりの地である〝土岐〟、「夜明けの晩」は〝日光〟を暗示していると考えられる。「鶴と亀」は日光東照宮の屋根にある像を指し、徳川と明智にかけている。さらに「すべった」は統治するという意味の「統べた」と解釈できる。

これらをすべてつなげると、先述した歌詞の意味は「土岐出身の光秀がいつか日光東照宮との関係を明らかにし、徳川と明智で天下を統べるだろう」ということになる。偶然にしてはでき過ぎな暗号なので、「天海＝光秀」説を裏付ける一因にもなっている。

大坂城落城後、真田一族が歩んだ道

家康が恐れた真田一族のその後

関ヶ原の戦い後、流刑にされた真田昌幸・幸村父子。昌幸は流刑先で病死するが、幸村は大坂の陣に駆けつけ、家康をあと一歩まで追い詰めた。しかし、結局は戦いは徳川が勝利し、幸村も戦死する。幸村の血筋はここで途絶えたように思えるが、実は伊達政宗の側近・片倉小十郎のもとで受け継がれていた。

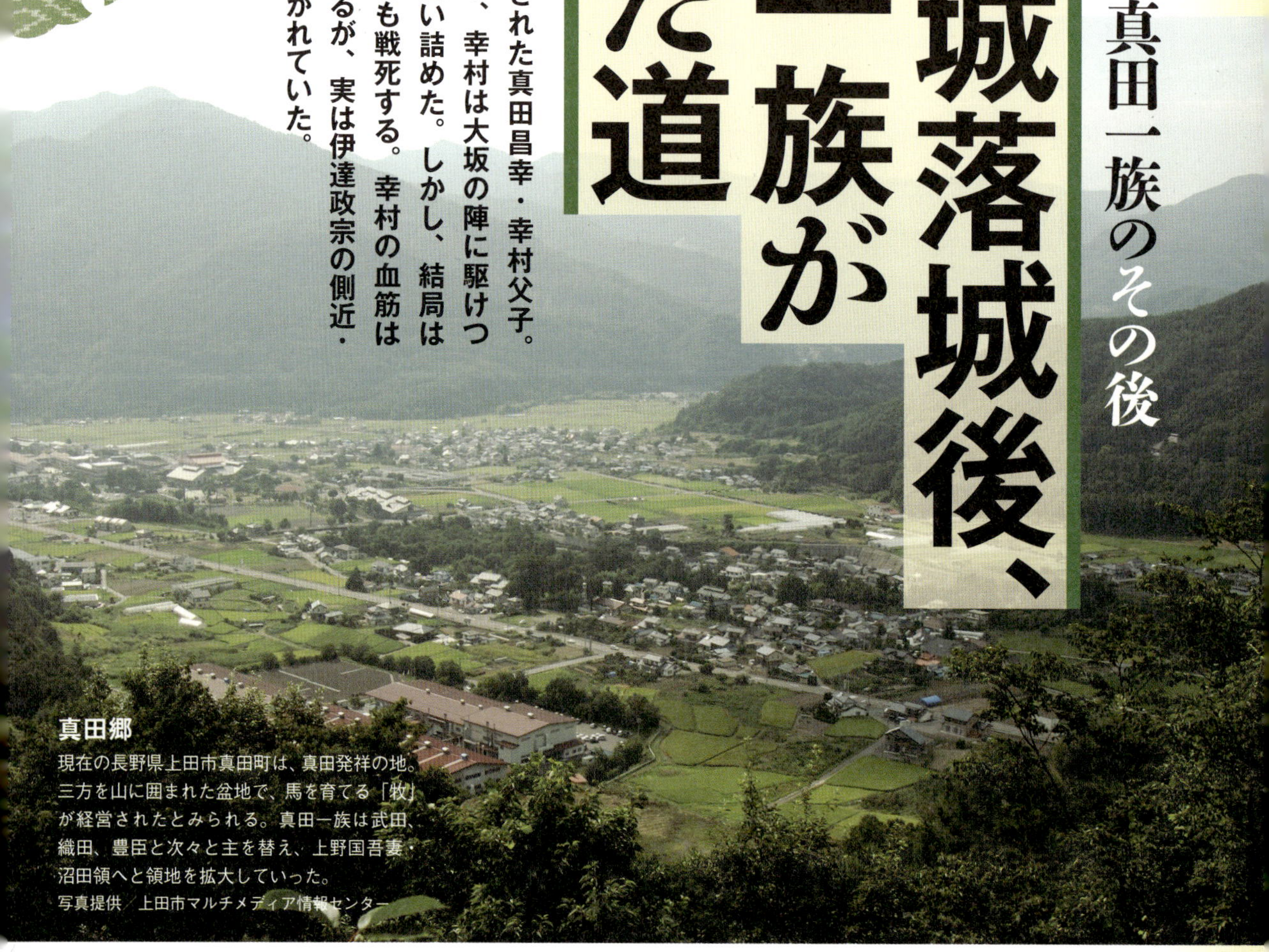

真田郷

現在の長野県上田市真田町は、真田発祥の地。三方を山に囲まれた盆地で、馬を育てる「牧」が経営されたとみられる。真田一族は武田、織田、豊臣と次々と主を替え、上野国吾妻・沼田領へと領地を拡大していった。

写真提供／上田市マルチメディア情報センター

信繁は薩摩に逃げて天寿を全うした⁉

戦国の世を巧みに生き抜き、明治維新までその家名を保った真田一族。なかでも真田昌幸の次男・信繁《のぶしげ》（幸村）は、大坂夏の陣で徳川家康をあと一歩のところまで追い詰め、その勇名を後世まで轟かせた。

慶長20年（1615）5月7日、信繁は家康の本陣を3度にわたって強襲する。真田勢のあまりの凄まじさに家康は何度も死を覚悟し、取り乱して自害しようとするほどだった。だが、数度にわたる突撃で兵馬は疲弊し、次第に追い詰められていった。そして、安《やす》居《い》神社の境内で身体を休めていたときに松平忠直隊の西尾仁左衛門《にざえもん》と遭遇し、その首を討たれた。

これがよく知られている名将・真田信繁の最期だが、実はこのとき討たれたのは影武者の穴山小助で、豊臣秀頼を守って大坂城を脱出したという説がある。

「元和元年五月大坂篭城真田幸村勇戦之図」（部分）上田市立博物館所蔵

和睦が成立して大坂冬の陣が終結したあと、信繁は徳川方についていた旧友や親族をたずねた。だが自分の顔が敵方に知られるのを防ぐため、顔立ちが似ていた穴山小助を信繁として遣わしたという。関ヶ原合戦後、信繁は九度山《くどやま》に配流されたため、10年以上も顔を合わせていなかった。そのため、会った人たちは小助を見て信繁と思い込んでしまったというのだ。

では、生き残った信繁はどこへ向かったのか。元禄期に成立した『真田三代記』には、「嫡男の大助（幸昌）や長宗我部盛親《ちょうそかべもりちか》、後藤又《また》兵衛《べえ》らとともに豊臣秀頼を守って薩摩に下った」と記されている。島津家では秀頼が住むための御殿を用意したが、信繁は翌年10月に亡くなり、秀頼もまもなく没したという。鹿児島市内には、秀頼の墓と伝わる宝塔が現存する。

この説を裏付ける要素のひとつに、当時京都で流行ったわらべ唄がある。「花の様なる秀頼様を、鬼のやう成る真田がつれて、退きものいたよ加護島（鹿児島）へ」という唄で、当時の人々の秀頼を想う気持ちが流行り唄になったと見られている。

他にも、信繁が薩摩から下北半島の恐山《おそれざん》を目指して巡礼の旅に出たが、その道中で立ち寄った出羽の大館《おおだて》が気に入り、この地に住み着いたという説もある。大館の一心院には信繁の墓もある。

仙台真田家を興した信繁の次男・片倉守信

信繁の生存説がさまざまな読み物から生まれた一方で、彼の子供たちの多くが仙台藩に逃れ、仙台真田家が興った。信繁の子供たちを引き取ったのは、伊達政宗の腹心で大坂の陣でも活躍した片倉小十郎重綱《しげつな》（重長）である。

『仙台士鑑』には、最期の戦いが始まる前夜、信繁は2人の家臣を重綱のもとへ遣わし、17歳の三女・阿梅《おうめ》や3歳の次男・大八など、信繁の子たちを引き取ってほしいと頼んだ。重綱はこれを承諾し、子供たちを引き取った。

敵方の、しかも家康を窮地に陥れた武将の子供を受け入れるのは、かなり勇気がいる行為である。だがそれでも重綱が遺児たちを引き取ったのは、主君である伊達政宗の意向があったからだともいわれている。政宗はひそかに信繁と通じ、いざというときは味方につくはずだった。ところが実行に移せないまま落城寸前となり、罪滅ぼしとして遺児たちを引き取ったのかもしれない。

大坂夏の陣のあと、重綱は自分の居城である白石城に阿梅と大八を匿った。大八は片倉家の家臣として召し抱えられ、その後、片倉守信《もりのぶ》と名乗って３００石を与えら

九度山に隠居中の幸村

関ヶ原の戦いに敗れて九度山に流刑となった幸村は、訪れた妻にも会わず、大筒のひな形づくりに夢中になっていたという伝説を描いたもの。実際には妻とは同居。14年もの間、幽閉同然の生活を送っていたが、大坂方の誘いを受け脱出する。
「名誉十八番・真田幸村」上田市立博物館所蔵

伝真田幸村所用鉄二枚胴具足

幸村のものと伝わる具足。袖、草摺が黒塗りで、実戦を重視してつくられている。
大阪城天守閣所蔵

れ、伊達家家臣となった。守信は終生片倉姓を通したが、子の辰信《たつのぶ》は「すでに将軍家を憚るに及ばざる」と内命を受け真田姓に復した。以後、仙台真田家としてその血脈は現在まで受け継がれている。

一方、阿梅は28歳のときに重綱の後室となった。これは先妻が亡くなる前、遺言で彼女を後室に指名したからとされている。重綱との間に子はなかったが、重綱の養子となった景長を立派に育て上げている。

御家騒動に悩まされた真田信之の家系

信繁の末裔は波瀾万丈ながらも真田の血脈をつないでいったが、信繁の兄・信之（信幸）の家系も苦難の連続だった。

信之は関ヶ原の戦いで東軍に属し、西軍についた父・昌幸、弟・信繁と敵対する立場となった。戦後は3万石を加増されて上田藩主となり、真田の家名を保った。

元和《げんな》8年（1622）、信之は松代《まつしろ》へ加増転封された。真田家は上野《こうずけ》国沼田にも領地があったが、こちらは長男の信吉《のぶよし》に統治を任せた。信吉が亡くなると長男の熊之助が相続したが早世し、信之の次男・信政が治めることになった。

そして明暦《めいれき》2年（1656）、90歳になった信之は松代藩の家督を信政に譲ったが、信政はその2年後に亡くなってしまう。そこで信之は信政の六男でわずか2歳の

大坂夏の陣図屛風・右隻（3・4扇部分）

最後の戦いとなった5月7日の戦いがモチーフで、黒田長政が記念のために描かせたといわれる。中央の鳥居の前にいるのが真田幸村の赤備え隊で、松平忠直隊と槍を交えている様子がわかる。大阪城天守閣所蔵

幸道を次の藩主としたが、これに信吉の子・信利が反発して家中の対立が生じた。

結局、幕府の裁定で幸道の真田本家相続が認められ、信利には沼田領が与えられ、沼田藩として分離独立した。信之は家中の対立が収まったのを見届け、93歳で大往生を遂げた。

その後、沼田藩主となった信利は石高をわざと高く見積もって幕府に報告するなどして領民を苦しめ、治世不良の責めを問われて改易された。真田本家に負けじと見栄を張った末に起きた悲劇だった。

一方、松代の真田本家でも6代藩主の幸弘を最後に男系が絶え、その後は井伊家や松平家から養子を迎えて藩主とした。ちなみに最後の藩主となった幸民《ゆきもと》は宇和島藩主・伊達宗城《むねなり》の長男で、この家系が現在に受け継がれている。信繁の末裔だけでなく、信之の末裔も伊達家とつながりを有していたのである。

キリスト教を伝えた宣教師たちのその後とは？

弾圧を逃れた宣教師の足跡

日本の戦国時代は、世界的にみれば大航海時代にあたる。植民地拡大を狙うヨーロッパ諸国の船は日本にも到達した。最初にキリスト教を伝えたのが、フランシスコ・ザビエルだ。その後もルイス・フロイスはじめ多くの宣教師が来日したが、彼らはその後どのような運命を辿ったのか。その足跡を追う。

中国での宣教を志すが道半ばで没したザビエル

日本にキリスト教を初めて伝えたのは、イエズス会の宣教師フランシスコ・ザビエルである。来日以前はインドのゴアを拠点として宣教活動を行っていたが、マラッカでヤジロウという日本人と出会い、日本での布教を志すようになる。そして天文18年（1549）7月、ザビエルを乗せたジャンク船が薩摩《さつま》に上陸し、以後、九州や山口などで宣教活動を行った。

ザビエルがゴアの宣教師に宛てて送った手紙には、彼の日本人観が述べられている。

「この国の人々は今までに発見された国民の中で最高であり、日本人より優れている人々は、異教徒の間では見つけられないでしょう。彼らは親しみやすく、一般に善良で悪意がありません。驚くほど名誉心の強い人々で、他の何ものよりも名誉を重んじます。大部分の人々は貧しいのですが、武士もそうでない人々も貧しいことを不名誉とは思っていません」

ザビエルの日本滞在期間は短かったが、彼が日本人を高く評価し、好意的に見ていたことが、多くの宣教師が情熱と期待感を抱いて来日するきっかけになった。

苦労を重ねながらも布教活動を続けたザビエルだが、天文20年（1551）11月に帰国の途についた。来日してから2年経ったが、インドのゴアからは何の連絡もなかった。そこで本格的に布教活動を行うための人材や必需品を確保するため、いったんインドに戻ることを決意したのである。このとき、ザビエルは4人の日本人青年（ベルナルド、マテオ、ジュアン、アントニオ）を同行させている。

1552年2月、ザビエル一行はインドのゴアに到着する。渡海した日本人青年のうちベルナルドはヨーロッパに渡り、ローマ教皇にも謁見している。彼は日本で初めてのヨーロッパ留学生とされている。

「鹿児島県・ザビエル上陸記念碑」
写真提供／山口博之/アフロ

日本の港へ入港する南蛮船と貿易品の荷揚げの様子が描かれている。談山神社旧蔵と伝わるもので、宣教師たちが出てくる楼閣建築は南蛮寺を表していると思われる。窓や扉をすべて閉じて内部の様子を描いていないのは、キリシタン禁令によって図屏風が破棄されるのを防ぐための策だったのではないかとみられる。
「南蛮屏風」(右隻)神戸市立博物館所蔵　写真提供／Kobe City Museum/DNPartcom

ザビエルは約2年にわたって布教活動を行ったが、日本滞在中にキリスト教徒になった日本人は、わずか700人程度だった。そこで「日本全土にキリスト教を広めるには、日本文化に大きな影響を与える中国での宣教が不可欠」と考え、中国へ渡航するための準備を進めた。

1552年9月、中国での布教を目指し、ザビエルは上川島《じょうせんとう》に上陸する。だが中国への入国は思うようにいかず、そうこうしているうちに病気にかかってしまう。そして12月3日、この世を去った。日本を発ってから、わずか1年あまりでの死去であった。

最晩年にキリシタン弾圧を目の当たりにしたフロイス

ザビエルは志半ばで亡くなったが、その後もイエズス会の宣教師が来日して布教活動を行った。代表的な宣教師にルイス・フロイスやカブラル、オルガンティーノ、ヴァリニャーノなどがいる。

禁教令の発布で弾圧が激化

ザビエルとともに来日したコスメ・デ・トーレスはザビエル離日後も日本で宣教活動を続け、元亀《げんき》元年（１５７０）に亡くなるまで日本に滞在した。トーレスは日本文化を尊重する「適応主義」を掲げ、日本式の暮らしをしながら布教活動を行ったが、これが日本にキリスト教が広く浸透する一因となった。

　このトーレスの後継者として日本に派遣されたのが、フランシスコ・カブラルである。ところが彼は日本人や日本文化に否定的で、トーレスの適応主義を真っ向から否定した。彼はイエズス会きってのエリートで、「低俗な日本文化に合わせるよりも、優れたヨーロッパ文化を広めたほうが日本人にとってはよい」と考えていた。

　結局、カブラルは日本布教責任者の役割を解任され、天正11年（１５８３）に離日した。その後はインドのゴアで同地の管区長などを務め、１６０９年にゴアで亡くなった。

エルサレムを訪れた初の日本人 〝日本のマルコ・ポーロ〟が帰国

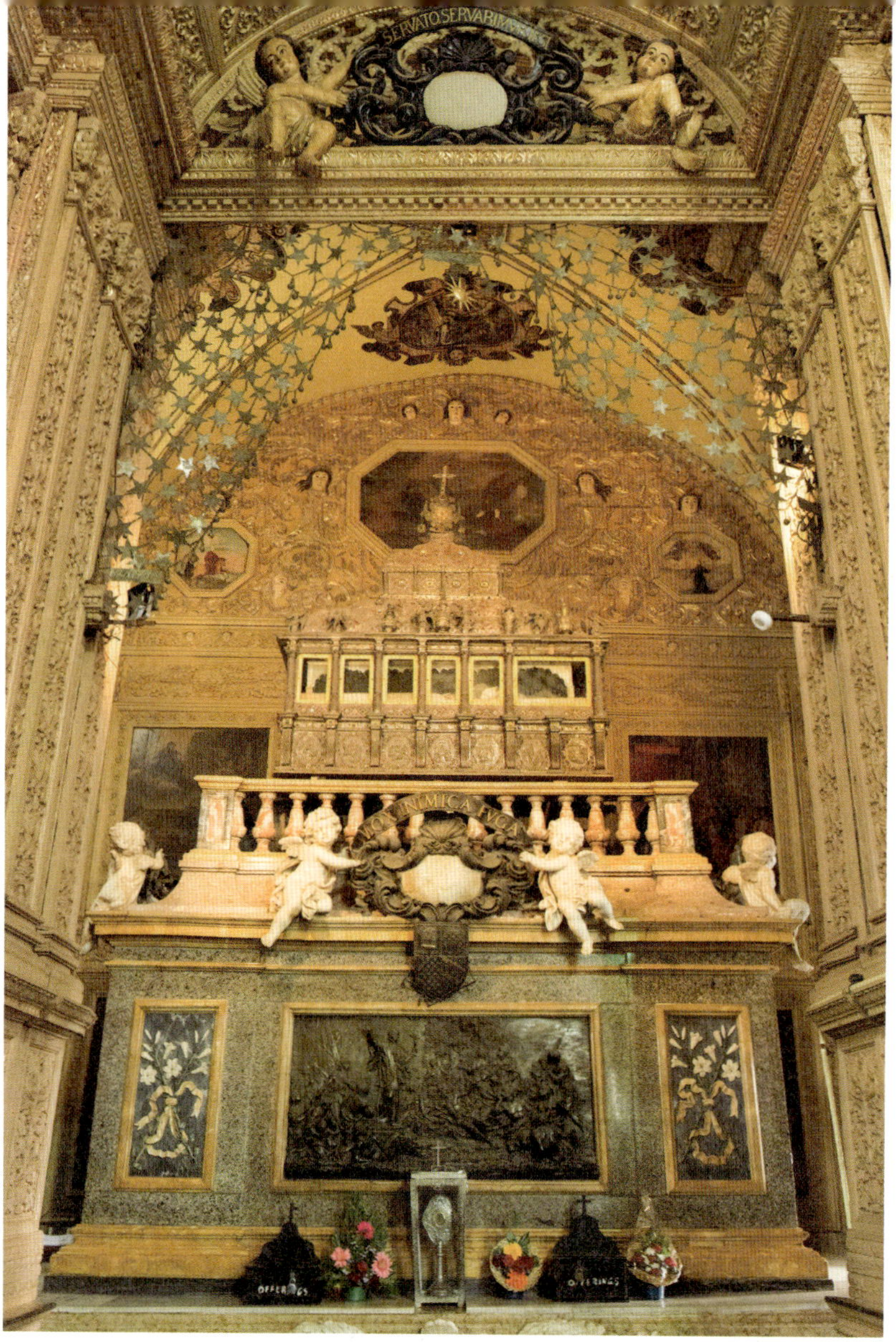

ザビエルが眠るゴアのボン・ジェズ教会

フランシスコ・ザビエルの遺体は、1年かけてインド・ゴアに運ばれた。その遺体は数百年経っても腐敗しなかったという。現在、遺体はゴアのボン・ジェズ教会に安置され、10年に一度公開。写真がザビエルの墓で、遺体は最上段の銀の棺に納められている。写真提供／フォトライブラリー

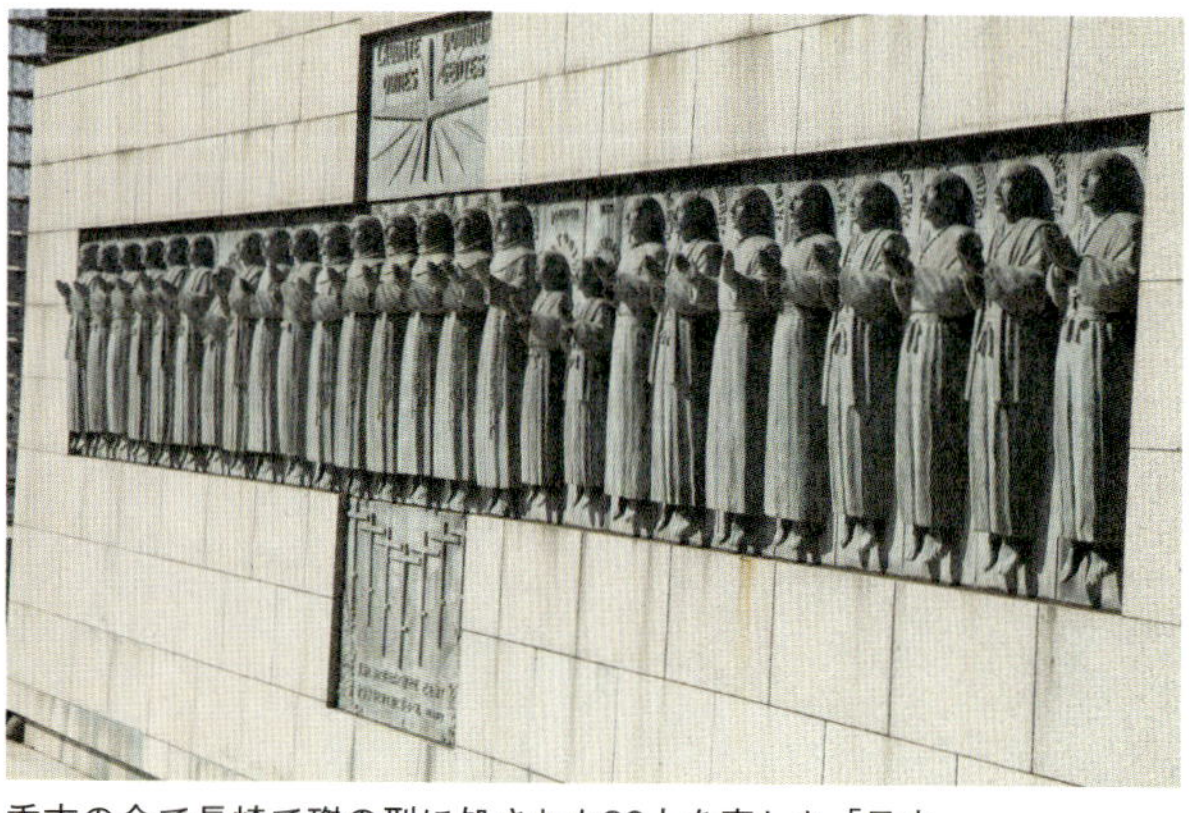

秀吉の命で長崎で磔の刑に処された26人を表した「日本二十六聖人記念碑」。殉教地である西坂の丘に建てられている。写真提供／フォトライブラリー

雲仙地獄の拷問の図

松倉重政によって雲仙地獄で行われた残虐な拷問。強い硫黄臭を発する90度以上の熱湯を体にかけたり、その中に人を投げ込んだりしたという。

『日本誌』モンタヌス著、国立国会図書館所蔵

そして、日本で宣教しながら戦国史研究の貴重な資料である『日本史』を著したのが、永禄6年（1563）に来日したルイス・フロイスである。彼はインドで宣教を行っていた頃にザビエルと出会ったが、これが日本に興味を抱くきっかけとなった。

来日後、フロイスは織田信長と面会し、畿内での布教活動を許された。安土城下に南蛮寺やセミナリオが建てられたほか、大友宗麟《そうりん》ら九州の大名が4人の少年を天正遣欧使節として派遣するなど、1570～80年代前半は、日本におけるキリスト教の宣教活動がピークに達した時期だった。

だが、天正15年（1587）に伴天連《ばてれん》追放令が発せられると、フロイスは畿内を追われてしまう。その後は長崎に移り住み、一度は日本を離れてマカオに渡ったが、文禄4年（1595）に再び来日した。

フロイスは日本に関する文筆活動を行ったが、最後に著したのが『二十六聖人の殉教記録』である。

慶長元年（1596）12月、豊臣秀吉の命令で26人のカトリック信者が処刑される事件が長崎で起きたが、フロイスはその一部始終を現場で目撃した。それから7ヵ月後、彼はこの世を去ったが、日本におけるキリスト教宣教の輝かしい時期を体験したフロイスの晩年は寂しいものであった。

殉教を求めて日本に密入国したペトロ岐部

ザビエルが来日してから30年あまりでキリシタン信者数は30万人に達したが、教えが拡大するほど仏教側からの圧力が強まった。その結果、発せられたのが秀吉による伴天連追放令であり、徳川幕府による禁教令であった。

秀吉は追放令を発したが、宣教師による宣教活動はほぼ黙認していた。だが権力者ではなく民衆に直接宣教し、日本文化にも適応しようとしないフランシスコ会やドミニコ会などの修道士が来日するようになると、日本で活動する宣教師の立場は悪化していく。そして慶長18年（1613）に禁教令が全国に発布されると、キリシタンの排除が本格化していった。

長崎や京都にあった教会は取り壊され、宣教師や主だった信徒が国外へと追放された。イエズス会の京都修院長だったガブリエル・デ・マトスも追放された一人だが、彼は追放を命じられた際、徳川家康との面会を申し入れている。だが、幕府からは何の音沙汰もなく、結局、長崎から出航した船で日本を離れた。他の宣教師たちも多くが国外に追放され、その後は東南アジアやインドなどで布教活動を行った。

その一方で、50人近くの宣教師が日本にとどまって布教活動を続けた。彼らは禁教令が解除され、以前と同じように宣教できることを期待していたのだ。

しかし、幕府の禁教令は緩和どころか強化の一途をたどり、ついに日本に潜伏する宣教師が捕らえられ、処刑されるようになった。元和《げんな》5年（1619）に京都で52人の宣教師と信徒が殉教したのを皮切りに、毎年のように処刑が行われた。

こうしてキリシタンにとって日本は危険な場所となったが、そんななか、殉教覚悟で日本に入国したのが、日本人司祭のペトロ岐部《きべ》である。岐部は日本人で初めて聖地エルサレムを訪問した人物で、世界を渡り歩いたことから「日本のマルコ・ポーロ」とも呼ばれた。寛永7年（1630）に薩摩の坊《ぼうの》津《つ》へ上陸し、迫害から逃れながら宣教活動を続けた。

だが寛永16年（1639）、仙台潜伏中に捕らえられ、江戸に護送された。そして激しい拷問を受けたが最期まで棄教せず、真っ赤に焼けた鉄棒を腹に押しつけられて絶命した。

結局、日本に潜伏していた宣教師のほとんどが処刑され、ザビエル以来続いた宣教の歴史はいったん幕を下ろすことになった。

信仰を貫いた戦国武将のその後

国外追放された キリシタン大名・高山右近の最期

キリスト教を信仰した戦国大名といえば、大友宗麟や黒田官兵衛が有名だ。しかし、もっともキリスト教に帰依した人物といえば、高山右近があげられるだろう。信仰を貫き、武将としての生き方を棄て、最後はマニラで生涯を終えた右近。国外追放後の足跡を辿る。

高山右近像

父の影響で洗礼を受けた高山右近。洗礼名はユストという。21歳のときに父の跡を継いで高槻城主となった。主君の荒木村重が織田信長に謀反し有岡城に籠城した際には、武士をやめる覚悟をして投降。それにより信長に許され、以後も高槻城主として信長、秀吉に仕えた。右近の影響で秀吉の側近の多くが、キリシタンになったという。
堂本印象筆、カトリック玉造教会所蔵
写真提供／Hibi Sadao/アフロ

棄教を迫られても最期まで信仰は捨てず

高山右近《うこん》は織田信長や豊臣秀吉に仕えたキリシタン大名で、禁教令が出ても棄教せず、最期は国外追放された人物である。平成27年（2015）は右近がフィリピン・マニラで没してから400年の節目の年にあたり、再びその存在がクローズアップされている。

摂津国高槻《たかつき》城主だった右近は12歳で洗礼を受け、キリスト教の布教にも熱心に取り組んだ。だが一方で、領内の神社仏閣を破壊して僧や神官を迫害したことから、訴えられることも少なくなかった。

豊臣政権では播磨《はりま》国明石に6万石の領地を与えられた右近だったが、天正15年（1587）に伴天《ばて》連《れん》追放令が発せられた際、秀吉からの棄教命令を拒んで財産や領地を失った。その後は、加賀前田家の家臣となっている。

だが、慶長19年（1614）に徳川家康によるキリシタン国外追放令が発せられると、右近は前田家の人々から棄教を迫られるようになった。しかし、右近は最期まで信仰を捨てなかった。その結果、幕府から国外追放処分を受けたが、右近はこれを甘んじて受け入れた。

慶長19年1月17日、右近は同じく追放処分を受けた内藤如安《じょあん》とともに金沢を発った。人々は別れを惜しみ、町の外まで見送ったという。そして長崎に着くと、教会で最後の総告解（物心がついたときからの罪を告解する)を済ませた。

マニラ到着後に体調を崩して死去

家康が右近を死刑に処さなかったのは、目前に迫った大坂方との戦いが関係している。キリシタンとして高名な右近を処刑すれば、キリシタン大名がこぞって大坂方につくおそれがあったからだ。だが国内に追放すれば、右近が大坂城に入る可能性もある。そこで前代未聞の「国外追放」という手段に出たのである。

右近一行を乗せた船は10月7日に長崎を出港したが、船は老朽化が著しく、暴風や逆風にも悩まされた。船脚も遅く、普通の船なら10日ほどの航程を1ヵ月以上かけて進んだ。だが右近は不平を一切言わず、船中ではオラショ（祈祷）や読書などをして日々を過ごした。

そして12月、右近一行はフィリピンのマニラに上陸する。右近の名は宣教師の報告などですでに知られていたため、マニラ全市をあげた歓迎を受けた。スペイン総督のファン・デ・シルバは右近と固く抱擁し、2人で感動の涙を流したという。

こうして盛大に歓待された右近だったが、長い船旅の疲れや慣れない気候のせいで体調を崩してしまう。そして慶長20年（1615）1月8日、右近は64歳で息を引き取った。マニラ市民は右近の死を惜しみ、盛大な葬儀を行い崇敬の誠を表した。

勝頼亡き後の甲斐武田家の末裔

徳川家から厚遇された武田信玄の血脈

戦国随一の強さを誇った甲斐武田軍だが、信玄から子の勝頼の代になると、急速に弱体化。ついには滅亡に追い込まれた。家臣の多くは徳川家に救済されたが、では信玄の直系はどうなったのか。甲斐武田家の血脈を辿る。

長篠・設楽原の戦いで、武田軍は織田軍が大量に投入した鉄砲隊を前に大敗走。武田勝頼は父・信玄時代からの多くの重臣を喪った。
「長篠合戦図屏風」
長浜市長浜城歴史博物館所蔵

甲府に〝凱旋〟した高家武田家の17代当主

源義光を始祖とする甲斐《かい》武田氏は、19代当主・信玄の時代に最盛期を迎え、甲斐・信濃・駿河など9ヵ国に及ぶ大版図を築いた。だが子の勝頼の代になると家中の結束が乱れ、長篠の戦いで信玄時代からの重臣が数多く討死すると、家勢は一気に傾いた。

そして天正10年（1582）、武田勝頼は一族とともに天目山《てんもくさん》で自害し、戦国大名としての武田氏は滅亡する。武田氏の男子はほとんどが討死・刑死したが、信玄の次男である竜芳《りゅうほう》の子孫がその血脈を受け継いだ。

盲目の僧だった竜芳は、武田氏滅亡時に自害したとも、殺害されたともいわれている。子の信道は信濃国安曇《あずみ》郡犬飼村に身を潜め、織田信長による残党狩りから逃れた。その後、信道は甲府の尊体寺で徳川家康と面会し、武田遺臣である大久保長安の庇護を受けながら、長延寺の住職を務めた。
だが慶長18年（1613）、長安の一族が粛清された事件に連座し、伊豆大島へ流されてしまう。信道はそのまま同地で没し、子の信正の代に江戸帰還が許された。そして信正の子・信興《のぶおき》のときに甲斐国500石が与えられ、武田氏は高家《こうけ》旗本として再興された。

現在は武田邦信氏が高家武田家16代当主を務めているが、長男の英信氏は平成12年（2000）から甲府市役所に勤務している。武田氏の末裔ということで、歴史関連のイベントでは引っ張りだこになっているという。

- 信虎
  - 晴信（信玄）
    - 義信（母三条夫人）
    - 竜芳 ～ 邦信（現当主）
    - 信之
    - 勝頼（母諏訪氏）
      - 信勝（母織田氏）
    - 女子（北条氏政室）
    - 女子（信松尼）
    - 女子（上杉景勝室 甲斐御前）
  - 信繁
  - 信廉
  - 女子（今川義元室）
  - 女子（諏訪頼重室）
  - 女子（菊亭大納言晴季室）

滅亡後も逞しく生きた武田信玄の娘たち

旗本高家として細々と家系を残した武田氏の当主だが、信玄の五男・仁科盛信《にしなもりのぶ》の子・信基と信貞も旗本として仕えている。そして、信玄の七男・安田信清《のぶきよ》は上杉景勝のもとへ逃れ、そのまま同家に仕官した。

「武田勝頼二十四将図」
山梨県立博物館所蔵

また、信玄の娘は4人が江戸時代まで生きている。次女の見性《けんしょう》院《いん》は親族衆の穴山信君《のぶただ》の正室で、晩年は2代将軍徳川秀忠が侍女に生ませた幸松（のちの保科正之《ほしなまさゆき》）を養育している。三女の真理姫（真竜院）は木曽義昌の正室で、義昌が武田家を裏切って織田家につくと離別して木曽山中に隠遁した。木曽家が改易されたあとは武田の旧臣に保護され、98歳まで生きた。

五女の菊姫は上杉景勝の正室で、質素倹約を奨励して家中の人々から敬愛された。慶長9年（1604）に47歳で亡くなったが、このとき米沢から信清（信玄の七男）が駆けつけ、最期を看取ったといわれている。

そして、六女の松姫は織田信長の長男・信忠に嫁ぐ予定だったが、両家が仲違いしたため、婚約は解消された。その後は兄の仁科盛信に庇護されたが、武田家滅亡後は出家して信松尼《しんしょうに》と称し、武田の人々と早世した信忠の菩提を弔って余生を過ごした。

茶聖を失った千家のその後

千利休の切腹で混乱する千家

秀吉から突然、切腹を言い渡された千利休。侘び茶を大成させた人物としてあまりにも有名だが、その死後、御家はどうなったのか。利休没後の千家の混乱を追う。

千利休屋敷跡

大阪府堺市の利休の屋敷跡には、現在、椿の井戸が残っている。利休はこの井戸の底に椿の炭を沈めていたという。井戸屋形は利休ゆかりの大徳寺山門の古い部材を用いて建てられている。

写真提供／フォトライブラリー

「千利休像」

写真提供／フォトライブラリー

父・利休と折り合いが悪かった嫡男・道安

千利休は侘《わ》び茶を大成し、「茶聖」と称せられた当代随一の茶人だが、天下人の豊臣秀吉と仲違いして切腹に追い込まれた。だが利休の教えは弟子たちに受け継がれ、現在に至っている。

利休には何人もの子がいたが、実際に彼の血を引く男子は、先妻・宝心妙樹《ほうしんみょうじゅ》との間に生まれた道安《どうあん》だけだった。もう一人、千少庵《しょうあん》という息子もいたが、彼は後妻・宗恩《そうおん》の連れ子である。少庵の父は能楽師の宮王三郎三入《みやおうさぶろうさんにゅう》だったといわれているが、松永久秀だったという説もある。

道安と少庵は同じ天文15年（1546）生まれで、利休が宗恩と再婚をしたのは天正6年（1578）、利休が57歳、道安と少庵が32歳のときである。道安は千家の嫡男だったが利休とは折り合いが悪かったようで、天正9年（1581）まで利休の茶事の記

録には道安の名が出てこない。一説には、一時家出をしたともいわれている。

だが利休が少庵を養子に迎えたことで、茶統の継承は複雑になってしまう。そこで利休は財産処分状を作成し、家督を道安に譲る旨を記した。一方、少庵には京都の家屋敷を譲ることが明記されており、利休の死後、堺千家（道安）と京千家（少庵）に分かれる契機となった。

明暗が分かれた道安と少庵のその後

道安は若い頃から茶の湯の世界で名声を得ており、豊臣秀吉の茶頭八人衆の一人でもあった。一方、少庵も京衆が彼の茶を所望したとされており、彼が京でも名高い茶人だったことがうかがえる。

茶人として順風満帆な人生を送っていた道安と少庵だが、天正19年（1591）に利休が切腹処分を受けると、2人の運命も暗転する。道安は飛騨《ひだ》の金森長近のもとへ身を寄せ、文禄3年（1594）に赦免されて堺へ戻った。そして千家の家督を継いだが男子には恵まれず、道安の死をもって利休の男系は途絶えた。晩年は「利休七哲」の一人である細川忠興《ただおき》に招かれ、豊前《ぶぜん》国でその生涯を閉じたともいわれている。

一方、少庵も会津の蒲生氏郷《がもううじさと》のもとに身を寄せ、道安が赦免されたのとほぼ同時期に赦された。少庵の妻は利休の娘・お亀で、2人の間には利休の血を継ぐ嗣子・宗《そう》旦《たん》が生まれた。少庵は京千家を開いて千家3世の家督を宗旦に譲り、自身はその後見に徹した。

宗旦は利休の侘び茶を忠実に受け継ぎ、その徹底に努めた。ただし、利休のように時の権力者と結びつこうとはせず、質素な生活を送ることを心がけた。そして宗旦の三男・江岑《こうしん》宗左が「表千家」、四男・仙叟宗室《せんそうそうしつ》が「裏千家」、次男・一翁宗守《いちおうそうしゅ》が「武者小路《むしゃのこうじ》千家」を興し、「三千家」として現代まで受け継がれている。

南都の僧侶と住民数千人が焼死した事件の真相

信心深い平清盛が行った東大寺焼き討ちの真相

「我が国第一の伽藍」と呼ばれた東大寺を、驕れる平家の軍勢が急襲した。信心深かったはずの清盛が、なぜこのような愚行に及んでしまったのか？

東大寺の大仏殿が炎上
清盛は南都の仏教勢力を抑えるため、東大寺をはじめとする寺院に火をかけた。
「平家物語絵巻・南都焼き討ち」
林原美術館所蔵

南都大衆に徹底的に憎まれた平重衡

治承4年（1180）12月25日、平清盛の命を受けた五男の重衡《しげひら》を大将に、甥の通盛《みちもり》を副将とする4万の軍勢が南都（奈良）へと向かった。南都で平家政権に反抗する東大寺や興福寺などの仏教勢力を抑え込むのが目的で、父の清盛からは「坊舎を焼き払うべし」と言われていた。

28日、重衡率いる主力の軍が南都に攻め入った。『平家物語』によると、このとき重衡は暗い陣中に灯りをつけるよう命じたが、部下はそれを火攻めと誤認識して周辺の民家に火をつけてしまった。その火が強風のせいで燃え広がり、興福寺や東大寺の大仏殿が根こそぎ焼失したのである。

合戦時に火を放つのは最初からの目的だった。だが南都の町がことごとく焼けてしまったのは、清盛にとっても想定外の出来事だった。また、このときの大火により平氏に対して何の憎しみも抱いていなかった僧侶や住民も巻き添えになり、数千人もの犠牲者を出したといわれている。

この大火により、平家一門が南都の人々から徹底的に憎まれたのは言うまでもない。寺を焼いた重衡は一の谷の戦いで源氏軍に捕らえられ、鎌倉で捕虜生活を送った。だが南都衆徒からの要求で奈良に引き渡され、首をはねられてしまった。

そして清盛もまた、東大寺焼失から2ヵ月後に異常な高熱を発し、息を引き取っている。『平家

物語』によると、水風呂に入ればたちまち沸き上がり、清盛は苦しさのあまり床をのたうちまわったそうだ。あまりに急な出来事だったので、人々は「南都焼き討ちの仏罰で清盛は死んだ」と噂し合ったという。

このように、東大寺の大仏殿炎上という前代未聞の悪事を犯した平家には、それ相応の仏罰が下った。しかし、清盛はなぜ南都の征伐を決意したのだろうか?

厳島神社を崇拝して寄進を惜しまなかった平清盛

南都と平家の対立は、清盛の父である忠盛の時代から始まっていた。忠盛は北面の武士として院に仕え、勢力を拡大するが、その過程で彼は、東大寺や興福寺などの南都衆徒と対立した。

当時の寺院は、今と違って一種の武装勢力のような様相を呈していた。広大な所領を持ち、そこを守るために僧兵が配備された。また、僧侶が酒をたしなみ、女に溺れるのは戒律で禁じられていたが、奔放に性を謳歌する僧も少なくなかった。

後年、浄土真宗を開いた親鸞は妻帯や飲酒を認めているが、これは「こそこそやるくらいなら、堂々とやればいいじゃないか」という気持ちの表れだったとも言える。

平安時代末期になると僧兵の力は強大になり、興福寺や東大寺、さらに延暦寺や三井寺《みいでら》など北嶺の寺院の僧兵たちは、しばしば都に現れ、院や摂関家に対して「強《ごう》訴《そ》」を行った。

強訴とは、僧兵たちが力ずくで権力者たちに要求を通そうとする行為で、彼らは神輿《しんよ》や神木をかざして脅しをかけた。武士を派遣して追い払おうとしても、「この神輿に弓を射かけたら神罰が下るぞ!」と脅し込み、院や摂関家にとっては頭の痛い存在だった。

半世紀以上にわたり国政を牛耳った白河法皇でさえも、「賀茂川の水、双六《すごろく》の賽《さい》、山法師、是ぞわが心にかなはぬものなり」と嘆くほどであった。

そんな無法者たちに真っ向から立ち向かったのが、平忠盛・清盛父子である。特に清盛は祇園社（現在の八坂神社）の宝殿に矢を射かけるなど、〝平安時代のタブー〟をまったく恐れていなかった。

鳥羽法皇の信頼を勝ち取った清盛は武士としては異例の出世を遂げ、保元・平治の乱を経て権力者にのし上がった。

寺社に対して強硬な態度を示す一方で、清盛には信心深い一面もあった。

彼は安芸《あき》の厳島《いつくしま》神社を崇拝し、巨額の費用を投じてその社殿などを寄進している。清盛が厳島に傾倒し始めたのは、高野山大塔再建の落慶法要の際、老僧から「厳島神社を敬い社殿を整えたら、位階を極められるだろう」と言われたのがきっかけだった。

平治の乱のあとに正三位に列せられた清盛は、さっそく厳島神社を寝殿造の様式に造営する。その後、清盛はトントン拍子に出世し、仁安2年（1167）には武士として初めて太政大臣となり、平家は全盛期を迎えたのである。

その後も清盛は厳島神社を崇拝し、寄進を惜しまなかった。承安《じょうあん》4年（1174）には後白河法皇が厳島神社へ行幸したが、そこで壮麗な社殿を見せることで、清盛は己の力を見せつけたかったのかもしれない。
また、清盛は厳島神社に「平家納経」と呼ばれる33巻の経典類を納めている。平家の一族がそれぞれ1巻ずつ写経し、清盛自筆の願文も添えられていた。
このように、清盛はとても信心深い人物であった。それゆえに、乱れた生活を謳歌し、ゆすりたかりで要求を突きつけてくる南都寺院の横暴に、我慢ならなかったのかもしれない。一方で、南都の寺院も武士の台頭を不快に感じていた。こうして両者の対決は避けられなくなっていた。

平家の怨霊を鎮めるため 開眼供養を早めた!?

治承4年（1180）、後白河法皇の第3皇子である以仁王《もちひとおう》が挙兵すると、それに便乗して南都や北嶺の大衆（僧兵や衆徒のこと）も騒ぎ始める。寺院の動きに警戒感を抱いた清盛は、都を福原《ふくはら》（現在の神戸）に遷した。だが公家や院の関係者、そして一門からも反対の声が上がり、半年後には京へ戻らざるを得なかった。

さらに東国では源頼朝が挙兵するなど、清盛の苛立ちはピークに達した。

近江では11月に山本義経と柏木《かしわぎ》義兼《よしかね》の兄弟が三井寺と組んで蜂起し、北陸から運ばれてくる都への年貢を差し押さえた。これに対し、清盛は四男の知盛《とももり》を差し向け、反乱軍を撃ち破っている。

平家の目が近江に向けられている間に、南都の大衆は「朝廷、法相宗の仏法を滅ぼさんと欲するの旨あり、子細を問はんがため上洛

南都を焼いた平家の滅亡と怨霊騒ぎ

「平清盛炎焼病之図」国立国会図書館所蔵

を遂ぐべし」と上洛の準備を進めていた。だが12月11日に平重衡が三井寺を焼き払うと、平家の軍の矛先は南都へと向けられた。

延暦寺や三井寺は、これまでにも何度か攻め込まれたことがあったが、南都は一度もなかった。これは興福寺が摂関家である藤原家の氏寺、東大寺が「我が朝第一の伽藍」であり、「攻めるのは畏れ多い存在」として認知されていたからだ。

だが切羽詰まった清盛に、もはやそんなタブーは通用しなかった。東国の頼朝が京へ攻め込む前に、やっかいな南都の連中を叩きのめしておく必要があったのだ。

こうして重衡率いる4万の軍勢は、南都の大衆をことごとく蹂躙した。彼らは自分たちが攻め込まれるなど夢にも思っておらず、前線の防御網が破られると、あっという間に敗走してしまった。

東大寺焼失後の12月29日、重衡は賊徒の首49を長刀につけ、法師一人を捕らえて凱旋する。公家の中には東大寺の再建を求める声もあったが、清盛は東大寺や興福寺の荘園・所領を没収し、再建を認めようとはしなかった。東大寺再建、大仏再興の動きが出てきたのは、清盛が病没してからのことだった。

大仏再興の任にあたったのは、南宋に3度渡り、建築技術を習得した重源《ちょうげん》という僧侶であった。大仏再建には莫大な金銀が必要だったが、重源は諸国を廻って浄財寄付を集めることに成功する。東大寺の大仏再建は、全国民が望んでいたのだ。

そして文治《ぶんじ》元年（１１８５）８月28日、大仏の開眼供養が行われた。しかし大仏は半分も完成しておらず、鍍金もされていなかった。にもかかわらず開眼供養を急いだのは、前の月に起きた巨大地震が関係している。

平家一門が壇ノ浦《だんのうら》の合戦で滅亡してから3ヵ月後の元暦《げんりゃく》2年（１１８５）7月9日、琵琶湖の南部から京にかけて直下型の地震が発生した。

寺社や民家の多くが倒壊し、莫大な死者が出た。平家が滅びて間もなくの出来事だったので、人々は「平家の祟りではないか?」と噂し合ったという。

朝廷では大般若経の読経がなされ、怨霊を鎮めるための祈りが行われた。だが、その後も余震が発生し続け、人々の不安や恐怖はピークに達した。そこで怨霊を鎮めるため、急遽、大仏の開眼供養を行ったというのだ。

大仏殿を燃やした平家一門の怨霊を、開眼供養で鎮めようとしたのは、何とも皮肉な話である。

江戸幕府を滅ぼした将軍の隠遁生活

表舞台から姿を消した最後の将軍 徳川慶喜

江戸幕府の滅亡を決めた徳川慶喜は、すぐれた人物だったのか？　歴史の評価はさまざまだが、その後の趣味ざんまいの隠遁生活を見ると、かなり変わった人物だったことがわかる。徳川慶喜の人物像に迫る。

ナポレオンの軍服

二条城に登城した仏国全権公使ロッシュは、慶喜に皇帝ナポレオン3世の軍服を寄贈した。この軍服を着て撮影したもの。

「徳川慶喜肖像写真 慶応2年（将軍時代）」
写真提供／3点すべて茨城県立歴史館

多彩な趣味に没頭して悠々自適な日々を過ごす

江戸幕府最後の将軍・徳川慶喜は、前半生と後半生の生き様があまりに異なる。

前半生は、13代将軍徳川家定の有力後継者として華々しく中央政界に登場し、最終的には征夷大将軍にまで上り詰めた。ところが1年足らずで政権を朝廷に返上し、鳥羽・伏見の戦いに敗れると朝敵の汚名を着せられてしまう。結局、勝海舟ら旧幕臣の助命嘆願で死一等を減じられ、静岡での隠居生活が始まった。

静岡時代の慶喜は政治的な野心も持たず、趣味の世界に没頭する。そのジャンルは狩猟や写真、投網、謡曲、囲碁、洋画、刺繍、将棋、能、鵜飼い、鷹狩など多岐にわたる。

写真は寺社仏閣から富士山、田園風景まで撮り、写真雑誌にも何度か投稿したが、ほとんど採用されなかったという。また当時としては珍しい自転車を入手し、近隣をサイクリングしていた。そういった姿を見て、人々は親しみを込めて慶喜を「ケイキ様」と呼んでいた。

慶喜は趣味にのめり込む一方で、新村信と中根幸という旗本の娘を側室に迎え、子づくりにも精を出す。明治4年（1871）に長男が生まれたのを皮切りに、10男11女に恵まれた。将軍の側室というといがみ合うイメージがあるが、信と幸は仲がよく、夜のお勤めも日替わりで務めた。ときには、

セルフポートレート

写真が趣味だった慶喜は、よくカメラを持って出かけたという。この写真は細部まで構図にこだわり、自ら撮ったものと伝わる。
「徳川慶喜肖像写真 明治時代」

一橋家の当主時代、ペリー来航の話を聞いた慶喜は、漁師に扮して小船で黒船に近づき、その軍事力に驚いたという。この写真は明治時代になってからのもの。趣味の一つだった狩猟の際の様子を写したものとみられる。
「徳川慶喜肖像写真 明治時代」

慶喜と側室たちが川の字になって寝ることもあったという。

公爵を授爵して「徳川慶喜家」を創設

静岡で悠々自適な日々を過ごしていた慶喜だが、明治20年代も半ばを過ぎると、政府に慶喜を赦免させようとする動きが本格化する。勝海舟は慶喜とは折り合いが悪く、何度も対立した間柄だったが、赦免運動に尽力して明治天皇への拝謁を実現させた。

こうして明治31年（1898）、慶喜は宮城に参内して明治天皇に拝謁する。以後、皇族との交流が深まり、慶喜の娘が皇太子・嘉仁《よしひと》親王（のちの大正天皇）の妃候補に挙がったこともあった。明治35年（1902）には公爵を授爵し、徳川宗家とは別に「徳川慶喜家」の創設が許された。

慶喜は明治30年（1897）、家族とともに静岡から東京に移り住み、よく銀座へ買い物に出かけたという。またアイスクリーム製造器で自家製アイスをつくったり、蓄音器で音楽を楽しんだり、相変わらず趣味を満喫していた。

また最晩年には自動車を入手し、東京府内を移動するのに用いていた。その一方で、慶喜は貴族院議員の地位を与えられ、35年ぶりに政治の表舞台に返り咲いた（ただし、貴族院議員としての活動は一切行わなかった）。

そして大正2年（1913）11月22日、慶喜は肺炎でこの世を去った（享年77）。波瀾万丈の前半生を送った「最後の将軍」は、明治という時代の成立と終焉を見届け、大往生を遂げたのである。

近代国家時代の侠客の生き様

清水の発展に貢献した清水次郎長の後半生

時代が幕末から明治の近代国家に至り、「侠客」と呼ばれたいわゆる町の親分的な存在は、取り締まりの対象となっていく。そんななかで、義侠心厚い清水次郎長親分は、社会秩序の安定のため尽力。民衆のヒーローとなった次郎長親分の活躍を追う。

「清水次郎長」
写真提供／3点すべて静岡市

新政府軍に殺された咸臨丸船員を手厚く葬る

清水次郎長《しみずのじろちょう》は「海道一の親分」と呼ばれた幕末の侠客《きょうかく》で、「清水湊の名物はお茶の香りと男伊達」と歌われた人物である。彼が任侠でありながら民衆文化のヒーローとなったのは、明治期に入ってからの社会事業が関係している。

慶応4年（1868）5月、次郎長は新政府から東海道筋と清水港の警固役を任された。これを機に昔の罪状はすべて帳消しとなり、次郎長は世のため人のために働き始めた。

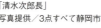

ただし、次郎長は新政府のためだけに活動したわけではない。明治元年（1868）9月、幕府艦船・咸臨丸《かんりんまる》の船員たちが清水港で新政府海軍に殺害される咸臨丸事件が起きたが、このとき次郎長は駿河湾に放置された遺体を収容し、手厚く葬っている。

新政府の役人に厳しく咎められた次郎長だが、「死ねば仏だ。仏

清水次郎長の船宿・末廣

清水次郎長が晩年、清水波止場に開業した船宿・末廣を復元した建物。のちに日本初の英語塾の舞台になった宿ともいわれている。現在、内部は次郎長ゆかりの品などを展示した資料館「清水港船宿記念館 末廣」となっている。

に官軍も賊軍もあるものか」と突っぱねた。旧幕臣たちは次郎長の義侠心に感じ入り、親しく交際するようになった。

そして本格的に明治の世に入ると、次郎長は清水の発展に力を注ぐようになる。明治7年（1874）からは富士裾野の開墾事業にも着手し、囚人を活用して約76ヘクタールを開墾した。次郎長はこの地で茶の栽培を試みたが失敗し、代わりに杉檜の苗木や穀類の栽培を行った。

最晩年に賭博容疑で逮捕・収監される

港が整備され、茶の栽培が盛んになると、清水港からは静岡産茶を各地に運ぶ船が多く出るようになる。次郎長も横浜との定期航路便を営業する静隆社を設立し、「静岡丸」や三菱会社の「平安丸」などが清水～横浜間を往復した。

そして、次郎長は英語教育にも力を注いだ。明治12年（1879）、アメリカの前大統領グラントも出席した清水港の波止場完成式で、次郎長は地元の漁師を集めて投網のパフォーマンスを披露した。この頃から「これからの若いもんは、英語を知っておく必要がある」と周囲に言うようになる。清水には英語を教える私塾がいくつもあったが、次郎長は熱心に後援したという。

このように、さまざまな社会事業を興して清水の発展に貢献した次郎長だったが、明治17年（1884）2月、突然賭博の罪で逮捕されている。次郎長には懲役7年・罰金400円という重い処分が科され、翌年まで収監された。次郎長が逮捕されたのは、彼が自由民権運動の闘士を匿ったからだといわれている。

釈放されたあとも清水の発展を支えた次郎長だが、明治26年（1893）、風邪をこじらせたのを機に病臥し、74歳で亡くなった。没後、次郎長はさまざまなドラマや映画で取り上げられ、庶民のヒーローとして定着していった。

江戸城無血開城の立役者の後半生

政界のご意見番となった明治期の勝海舟

江戸城の無血開城を成し遂げた勝海舟。アメリカ渡航の経験を持ち、日本海軍の生みの親ともいわれる人物である。教科書ではとかく幕末の活躍ばかり取り上げられるが、維新後も新政府で活躍した。そこで、勝海舟の後半生を追ってみよう。

「勝海舟肖像写真」
写真提供／首藤光一／アフロ

海軍のトップとして壮大な建艦計画を立てる

勝海舟といえば、江戸城を無血開城に導いたことで知られているが、その後の人生はあまり知られていない。だが明治期の海舟は参議や海軍卿などを歴任し、同志社英学校（現在の同志社大学）の創設に携わるなど、近代日本の発展に貢献している。

江戸城を明け渡したあと、海舟は徳川家と共に静岡へ移り住んだ。海舟は徳川家と明治政府のつなぎ役として、静岡と東京を行ったり来たりしていたが、その実務能力を買われ、外務大丞《たいじょう》や兵部大丞などを歴任した。明治5年（1872）には東京・赤坂に居を移し、海軍大輔（海軍卿）に任じられた。

海舟は「日本海軍生みの親」ともいわれており、欧米列強に負けない海軍力を備えるため、壮大な建艦計画を立案する。だが産声を上げたばかりの明治政府には艦船を建造する余裕はなく、ことごとく却下された。

また、明治6年（1873）には勅使として鹿児島に下向し、島津久光《ひさみつ》に上京をうながしている。久光はその要請に応じて上京したが、これにより、久光と折り合いが悪かった西郷隆盛が鹿児島へ帰りたくなったともいわれている。

神戸海軍操練所跡

軍艦奉行だった勝海舟の建言により、幕府が神戸に設置した海軍士官養成機関、海軍工廠跡。

写真提供／フォトライブラリー

極端な欧化政策や日清戦争を厳しく非難

明治7年（1874）、海舟は台湾出兵をめぐって大久保利通と対立し、海軍卿を辞した。翌年には元老院議官を辞し、以後は政府と距離を置くようになる。そして、江戸時代の経済制度をまとめた『吹塵録《すいじんろく》』のほか、『海軍歴史』、『陸軍歴史』、『開国起原』、『氷川《ひかわ》清話《せいわ》』など、さまざまな著書の執筆・口述・編纂にあたった。

著述業に勤しむ一方で、海舟は西南戦争で敗死して朝敵の汚名を着せられた西郷隆盛の名誉回復にも奔走する。西郷を追悼する記念碑を独力で建て、西郷の遺児たちの面倒も見た。さらに、明治天皇の許可を得て上野に隆盛の銅像を建て、その功績を広く後世に伝えるのに貢献した。

海舟は薩長を中心とする藩閥政府を否定的に見ており、鹿鳴館《ろくめいかん》で日夜開かれたパーティーを手厳しく非難している。

さらに海舟は、日清戦争にも反対の姿勢を見せている。ほとんどの国民が戦勝に沸き立つなか、海舟は「支那との戦いに勝ったからといって自惚れるものではない。欧米列強の植民地化政策を安易に追うのではなく、共闘して欧米に対抗すべきだ」と悲観的な見方を示した。ただし、海舟の考え方は周囲に理解されないことが多く、子供の不幸や孫の非行にも悩まされ、孤独な晩年を過ごした。

そして明治32年（1899）1月19日、風呂上りにブランデーを飲んだあとに脳溢血で倒れ、そのまま息を引き取った。彼が最期に残した言葉は「コレデオシマイ」だったという。

西洋文明への傾倒から極端な脱亜論者に

侵略差別主義者に変貌した晩年の福沢諭吉

大坂の適塾に学び、幕臣時代にアメリカやロンドンを視察し、早くから洋学の普及の必要性を説いた福沢諭吉。維新後、中津藩出身の福沢は、しだいに薩長藩閥と対立していく。教育支援に尽力した福沢諭吉だが、後半生は意外な道へと進んでいくことになる。

福沢諭吉旧居

福沢が幼少年期を過ごした大分県中津市にある旧居で、現在、記念館が併設されている。

写真提供／フォトライブラリー

『脱亜論』を著して「脱亜入欧」を説く

福沢諭吉といえば『学問のすゝめ』を著し、慶應義塾を設立した教育者・思想家という印象が強いが、晩年は朝鮮・中国を蔑視する差別主義者に変貌している。

　福沢の欧米志向とアジア蔑視の意識や主張は、自らが創刊した新聞『時事新報』の明治18年（1885）に掲載された社説『脱亜論』で見て取ることができる。原文は無署名だが、福沢が執筆したと考えられている。

『脱亜論』では、西洋文明の伝播を「文明は猶麻疹《ましん》の流行の如し」と表し、「国民は一刻も早くその文明を受け入れ、アジア的価値観から脱する（脱亜）べきだ」と唱えている。さらに「不幸なるは近隣に国あり」と清国（中国）と朝鮮を取り上げ、西洋の文化を取り入れずに旧態依然とした体制を貫く姿勢を批判した。

『脱亜論』でアジア蔑視の姿勢を鮮明にした福沢だが、執筆以前は朝鮮からの留学生を慶應義塾に受け入れるなど、朝鮮に対して寛容だった。そして、留学生や日本に滞在する朝鮮人を通じて朝鮮の近代化を後押しした。しかし、守旧派が政治の実権を握る壬午《じんご》事変が発生し、近代化を目指す勢力が追いやられたことで、断念せざるをえない状況に追い込まれた。

　近代化に背を向け、古いやり方に固執する朝鮮や清国の姿に呆れ果てた福沢は、「脱亜入欧」からなる『脱亜論』の執筆に至ったと考えられている。

政府と軍を支持して日清戦争を後押し

　朝鮮半島に清国の影響が及ぶようになると、日本では「清国と戦うべき」という主戦論が高まっていった。なかでも強硬に清国との戦いを主張したのが福沢だった。福沢は『時事新報』で連日にわたって主戦論を唱え、「戦争になれば、必ず日本は勝利する」とまで断言していた。

　かつての福沢は薩長藩閥に対して批判的で、内務卿として政府の実権を握った大久保利通に言論の自由を主張したこともあった。また、明治政府のもとで中央集権化が進むなか、地方分権を唱えた『分権論』を著している。

　ところが日清戦争が勃発すると、福沢は政府と軍を全面支持し、戦争の遂行を激励する。『時事新報』でも「日本臣民は事の終局に至るまで、謹んで政府の政略を批判すべからざる事」「官民ともに政治上の恩讐を忘れる事」と訴え、国民に戦争協力を促した。

　晩年の福沢は北里柴三郎の伝染病研究所の設立を援助し、独自の男女同等論を唱えたほか、海軍拡張の必要性を訴えた。

　だが、明治31年（1898）に脳溢血で倒れ、一時は回復したが明治34年（1901）に再び倒れ、2月3日に亡くなった（享年68）。

　葬儀では1万5000人の会葬者が葬列に加わり、さながら大名行列のような様相を呈していたという。

「福沢諭吉銅像」写真提供／フォトライブラリー

歴史から完全に消えてしまったのか?

古代の二大豪族 物部&蘇我氏の末路

古代豪族のトップの地位に君臨する物部氏と蘇我氏が、仏教の受け入れをめぐって対立。皇族を巻き込む古代史上最初の大きな戦いに発展した。生き残りをかけた戦いは蘇我氏の勝利に終わるが、その蘇我氏も乙巳の変で滅亡。時代は大王（天皇）を中心とした中央集権体制に移っていく。だが、古代史を彩った二大豪族の血脈は本当に潰えたのか。その後の系譜を辿ってみよう。

蘇我馬子の墓ともいわれる石舞台古墳。
写真提供／フォトライブラリー

日本最古の公開図書館を創設した物部氏の末裔

古代ヤマト政権を大王《おおきみ》とともに牽引《けんいん》した古代豪族の中でも、特に実力があったのが大臣《おおおみ》・蘇我《そが》氏と大連《おおむらじ》・物部《もののべ》氏である。

蘇我氏は渡来人の知識や技術を積極的に吸収して力をつけ、欽明《きんめい》天皇に2人の娘（堅塩媛《きたしひめ》、小姉君《おあねのきみ》）を嫁がせるなど、大王家と縁戚関係を結んで権勢を振るった。

一方、物部氏は代々ヤマト政権の兵器製造や管理をつかさどる軍事氏族で、両氏は仏教の受け入れをめぐって激しく対立した（崇仏論争）。

さらに587年、用明天皇（聖徳太子の父）が崩御すると、蘇我馬子《うまこ》と物部守屋《もりや》による王位継承争いが勃発した。馬子は守屋が推す穴穂部《あなほべ》皇子を殺害し、守屋討伐の軍を動員する。物部軍も頑強に抵抗したが、守屋が射殺されたことで総崩れとなり、蘇我軍に軍配が挙がった。

これを機に物部氏は没落したが、歴史の表舞台から完全に姿を消したわけではない。守屋の死をもって物部宗家は滅びたが、守屋の兄・物部大市《おおいちの》御《み》狩《かり》の曾孫にあたる麻呂が天武政権下で台頭し、最終的には臣下の最高位である左大臣まで上り詰めた。物部氏は天武八姓（八色《やくさ》の姓《かばね》）にともない石《いその》上《かみ》氏となり、麻呂の孫である石上宅嗣《やかつぐ》は日本最古の公開図書館である芸亭《うんてい》を創設した。

しかし、その後は公卿を輩出することはできず、9世紀以降は没落した。

蝦夷・入鹿父子の死後も権力の中枢にいた蘇我氏

一方、物部氏を倒した蘇我氏は大王家をしのぐ権勢を手にしたが、645年に起きた乙巳《いっし》の変で蘇我入鹿《いるか》が殺され、父の蝦夷《えみし》が屋敷に火を放って自殺したことで、その勢力は大幅に低下する。ただし、このとき滅びたのは蘇我氏宗家だけであって、その後は入鹿の従兄弟にあたる蘇我倉山《くらやま》田《だ》石川《いしかわ》麻《ま》呂《ろ》が中大兄《なかのおおえ》皇子（のちの天智天皇）らによる改新政権を支えた。

649年、石川麻呂は冤罪で自害に追い込まれたが、弟の赤兄《あかえ》が中大兄皇子の側近となり、天智政権下で大臣に任じられた。その後、天智天皇が崩御すると左大臣として大友皇子（天智天皇の子）を補佐する役割を担ったが、壬申《じんしん》の乱で大海人《おおあま》皇子（のちの天武天皇）の軍勢に敗れて配流された。

壬申の乱で蘇我氏一族のほとんどが没落したが、赤兄の甥にあたる蘇我安麻呂《やすまろ》の家系だけがかろうじて生き残った。他の一族が天智政権につくなか、安麻呂は大海人皇子に味方し、その窮地を救ったのだ。安麻呂は天武天皇から石川朝臣《あそん》の姓氏を賜り、また安麻呂の娘の蘇我娼子《しょうし》が藤原不比等《ふひと》の正妻となったことで、藤原氏と結びついて中流貴族の地位を保った。

だが藤原仲麻呂の乱以降は徐々に衰退し、蘇我馬子の7代孫にあたる石川真《ま》守《もり》を最後に、公卿を輩出しなくなった。

物部の祖とされる可美真手命《うましまでのみこと》の像。

写真提供／フォトライブラリー

大志を抱いて失敗した博士のその後

投資に失敗！ 詐欺師呼ばわりされた クラーク博士

「少年よ、大志を抱け」の名言で知られる、現・北海道大学の初代教頭クラーク博士。その言葉は有名だが、意外とその生涯は知られていない。札幌にいたのはわずか8ヵ月だが、それは博士がもっとも輝いた時代でもあった。

札幌農学校を離れたあと洋上大学の設立に失敗

　札幌農学校（現在の北海道大学）の初代教頭であるウィリアム・スミス・クラーク博士といえば、「Boys, be ambitious（少年よ、大志を抱け）」の名言が有名である。しかし、彼が晩年に投資で失敗し、詐欺師呼ばわりされたことはあまり知られていない。

　クラークは1826年、アメリカのマサチューセッツ州で生まれた。大学時代は成績優秀で、誰からも好かれる好青年だった。卒業後は故郷で教鞭をふるっていたが、南北戦争にも参加し、大佐として軍功を挙げた。

　そして終戦後はマサチューセッツ州立農科大学の学長に就任したが、明治政府の熱烈な要請を受けて明治9年（1876）に来日する。そして札幌農学校の教頭となり、専門の植物学や自然科学を英語で指導した。さらに、農学校の生徒たちに聖書を配布し、キリスト教の教えを講じた。

　クラークが札幌農学校で教鞭をとったのはわずか8カ月だったが、彼の教えはその後も受け継がれ、新渡戸稲造《にとべいなぞう》や内村鑑三といった人材を輩出した。日本を離れたあとも、開拓使長官の黒田清隆や教え子たちと手紙のやり取りをしていたという。

　帰国後は前にいた大学に戻ったが、大型船を大学校舎にして世界の海を周航し、現地で自然や民族を学ぶ「フローティング・カレッジ（洋上大学）」の設立に力を注ぐようになる。この事業を実現させるために学長の職まで辞したが、結局は入学志望者が思うように集まらず、断念に追い込まれた。

詐欺師扱いされたまま失意のうちに死去

　事業を断念し、定期的収入まで失ったクラークは1880年、ボスウェルという知人と手を組み「クラーク・ボスウェル社」という鉱山会社を設立する。クラークは出資者を募り、会社の社長にも就任した。

　設立当初は莫大な利益を上げたクラーク・ボスウェル社だったが、銀価格が暴落したことで会社経営は一気に傾いてしまう。そして、設立から2年足らずで会社は倒産した。この失敗で自身の財産はもちろん、出資者たちが提供してくれた資本金まで失ってしまった。

　その後、クラークは出資者である叔父から詐欺罪で訴えられ、裁判の心労から心臓病を発症する。有罪にこそならなかったものの、これまで築いてきた信用と名声をすべて失った。病に倒れたクラークは寝たり起きたりの生活を強いられ、1886年、詐欺師呼ばわりされたまま59歳で亡くなった。

　クラークは死の間際、「天の神に報告できることがひとつだけある」と述べている。それは札幌における8ヵ月である。もしかしたら、札幌農学校での日々が、教育者として最高に輝いていた時期だったのかもしれない。

北海道札幌市の羊ヶ丘展望台に建つクラーク博士の像。
写真提供／矢部志朗／アフロ

義経の怨霊を利用して頼朝を討つべく挙兵した男

源頼朝の奥州征伐と大河兼任の仇討ち

奥州藤原氏の滅亡後、郎従だった大河兼任という男が出羽国で挙兵した。それは日本史上初めて、主君の仇を討つために起こした戦いでもあったのである。

柳之御所遺跡
奥州藤原氏の政治拠点「平泉館」の跡と推定される遺跡。発掘調査によって、堀・園池・掘立柱建物・便所などの遺構が見つかっている。
写真提供／岩手県教育委員会

氷が割れて5000人の兵が溺死

東北で栄華を誇った奥州藤原氏が滅んでから3ヵ月後の文治5年（1189）12月、出羽国で大河《おおかわ》兼任《かねとう》という男が、鎌倉政権に対して挙兵した。『吾妻鏡』によると、その兵の数は7000騎。多い時で1万騎に達したという。

また『吾妻鏡』には、大河兼任の言葉がこう記されている。「古今の間、六親もしくは夫婦の怨敵に報ずるは、尋常のことなり。いまだ主人の敵を討つの例あらず。兼任独りその例を始めんがために鎌倉に赴くところなり」。この戦いは主君・藤原泰衡《やすひら》の無念を晴らすためのものであり、「日本史上初となる主君の仇討ち」を掲げ、兼任は挙兵したのである。

集結した軍勢は大関山から多賀城に進出し、鎌倉へ攻め上がろうとしていた。ところが凍結した湖を渡ろうとしたとき、突然氷が割れる災難に見舞われる。この事故で約5000人もの兵が溺死してしまったが、それでも鎌倉に不満を持つ東北武士が兼任の下に集まり続け、約1万の大軍に膨れ上がった。

その後、由利維平《ゆりこれひら》や橘公業《きみなり》など鎌倉方の実力者を破り平泉に入るが、ここが反乱軍のピークだった。このあと鎌倉から派遣された追討軍に壊滅的な大敗北を喫し、軍勢は500余騎まで減ってしまう。兵は次々と脱走していき、わずか数十騎で栗駒郡花山に潜伏した。

そして3月10日、花山の栗原寺にいた兼任は地元の木こりら数十人に囲まれ、斧で討ち殺された。その首級は、鎌倉方によって首実検されたという。

以上が「大河兼任の乱」と呼ばれる戦いの一部始終だが、兼任は兵を挙げたときに源義経や木曽義高（木曽義仲の長男）などの名をかたっていた。いずれも源頼朝によって死に追い込まれた源氏の一族で、2人の怨霊を利用して頼朝を討とうとしたのである。

奥州藤原家略系図

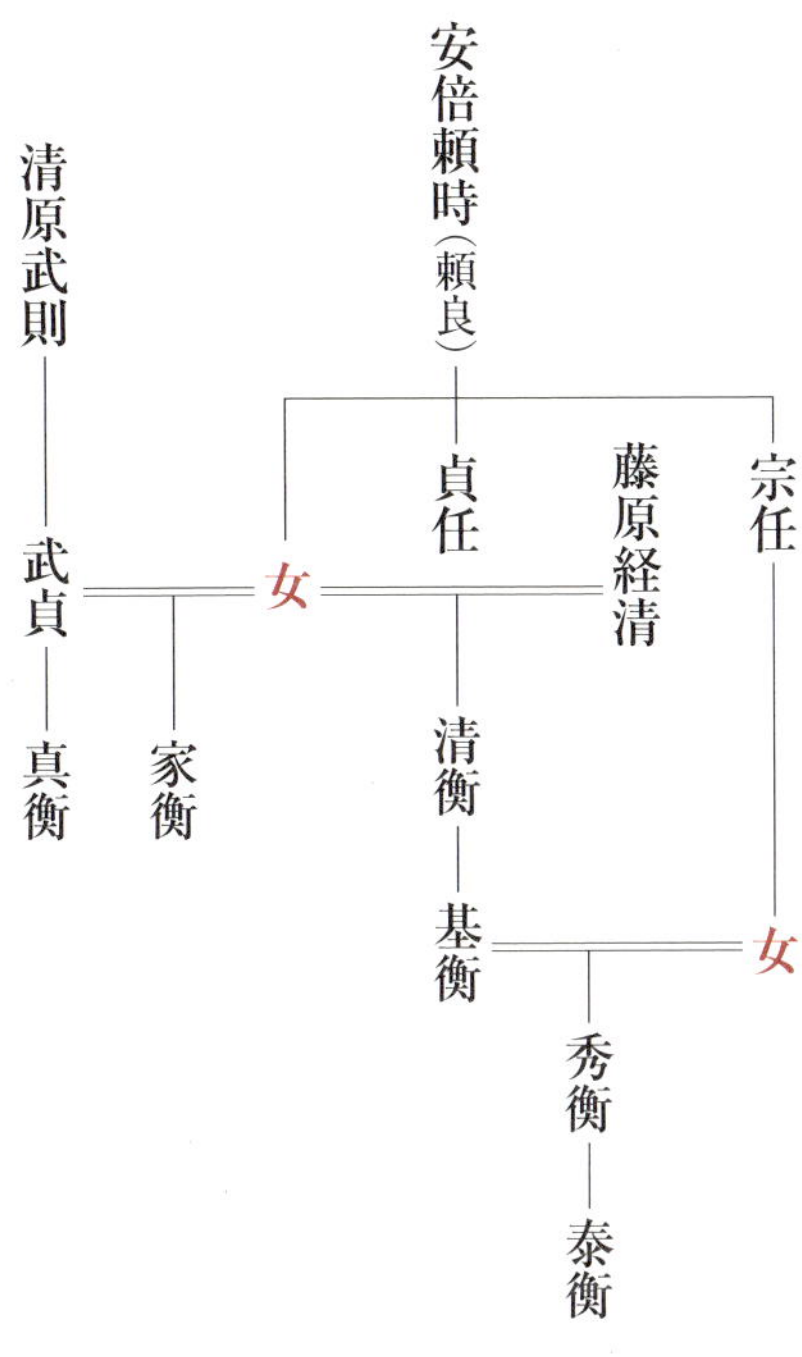

100年以上に及んだ奥州藤原氏と源氏の因縁

兼任の主人だった奥州藤原氏と源氏との間には、100年以上に及ぶ因縁があった。

最初の因縁は、11世紀半ばに起きた前九年の役。源氏の棟梁だった源頼義《よりよし》が陸奥守・鎮守府将軍として奥州に赴任したが、このとき頼義に従っていたのが、奥州藤原氏の祖である藤原清衡《きよひら》の父・経清《つねきよ》であった。

奥州の豪族・安倍氏との間で争いが勃発すると、経清は安倍氏に味方して、頼義を苦しめた。そのため乱が終結して経清を捕らえたとき、頼義は苦痛を長引かせるために錆びた刀を用い、鋸引きの刑で処分した。

そもそも頼義が陸奥守に就任したのは、東北に源氏の勢力を拡大させるためであった。

しかし、経清らの抵抗で乱を鎮めるのに10年以上の歳月を費やしてしまい、頼義は陸奥守を外されてしまう。その後、朝廷から奥州の支配を任されたのは出羽の豪族である清原氏であった。

それから30年後、今度は頼義の子である源義家《よしいえ》が陸奥守となる。このとき奥州は清原氏の後継者争いで揺れ動いており、義家にその収束を任せることになった。

このとき、清原氏の後継者として目されていたのが経清の子・清衡である。彼の母は経清の死後、清原武貞《たけさだ》に再嫁しており、清衡は武貞の養子となっていた。そして異父弟の家衡《いえひら》との間で、後三年の役と呼ばれる抗争が勃発する。

義家は清衡に味方し、家衡を討った。ところが朝廷はこの戦いを「義家が勝手に行った私戦」と決めつけ、恩賞はおろか戦費すら支払わなかった。それどころか義家は陸奥守を解任され、彼は失意のうちに奥州を去った。

義家に代わって奥州を支配したのが清衡で、その後、100年に及ぶ奥州藤原氏の礎を築いたのである。

源義経を匿ったことで頼朝の進軍を招く

そして清衡の孫・秀衡《ひでひら》の時代、奥州に「源氏の御曹司」と呼ばれる若者がやってきた。彼の名は源義経。平治の乱で非業の死をとげた、源義朝《よしとも》の九男である。奥州で雌伏の時を過ごしたあと、兄・頼朝の挙兵に応じて鎌倉に向かい、平家討伐で大活躍した。だが平家滅亡後、頼朝との対立が激しくなり、義経は再び奥州に匿われた。

秀衡が生きている間は、さすがの頼朝も手を出せなかった。だが秀衡が病没すると、頼朝は後を継いだ藤原泰衡に対し「義経を匿っているんじゃないのか?」と、何度も圧力をかけていった。そして文治4年(1189)閏4月30日、鎌倉の圧力に耐え切れなくなった泰衡は義経がいる衣川館を急襲し、義経主従は自害して果てた。

しかし、これは頼朝が仕掛けた罠であった。頼朝は「許可なく義経を討ったのはけしからん」と、公称28万の大軍を奥州に向けて発したのである。

通常、大規模な合戦をするときには法皇の院宣《いんぜん》を必要とした。だが頼朝は院宣を待たずに全国に動員令を発して出陣しており、この戦いに対する頼朝の並々ならぬ意気込みが感じられる。

源氏は前九年、後三年の役で武功を立てながら、奥州に支配権を確立できなかった。もし、このとき奥州を手にしていれば、その後、源氏一族がたどった数々の苦難はなかったかもしれない。そんな思いが、頼朝の頭に去来していたのだろう。

この奥州征伐は、源氏と奥州藤原氏の間にある100年余りの因縁を〝清算〟するための戦いでもあったのだ。

富士川の合戦以降、頼朝はみずから戦いを指揮することはなかったが、この奥州征伐ではみずからが総大将となって東北へと向かっている。鎌倉軍は各所で奥州軍を撃破し、平泉へと迫った。一方、泰衡は栄華を誇った平泉に火をつけ逃亡し、さらに命乞いの手紙まで送っている。

「義経を保護したのは父の秀衡であり、自分は何も関係ありません。頼朝殿の命を受けて義経を討ったのに、罪もなく征伐するのはなぜでしょうか。願わくば私を赦し、御家人にお加えいただきたい」

泰衡にすれば、この奥州征伐は理不尽極まりないものであり、罪なき奥州の民や兵が殺されることは、とても耐えがたいものだった。だが、頼朝は泰衡を捕らえ、先祖の経清と同じように、残酷な手法で殺そうとしたのである。

奥州藤原氏の怨霊を鎮める寺を建立

だが、頼朝のシナリオは思わぬ出来事がきっかけで、狂いが生じてしまう。

泰衡の郎従だった河田次郎が主君の首を持って、頼朝の前に現れたのだ。本来なら恩賞をもらってもおかしくない功績。ところが頼朝は、「主君を裏切るのは不忠の極み」と憤り、次郎の首をはねてしまった。

結局、過去に頼義が安倍貞任《さだとう》の首を八寸釘で柱に打ちつけてさらし首にした例を、泰衡の首にも用

「大日本歴史錦繪・義経蝦夷渡之図」国立国会図書館所蔵

いるのが精一杯であった。頼朝の、意外と粘着質な性格がうかがえるエピソードだ。

こうして源氏一族の悲願である奥州征伐を果たした頼朝だったが、鎌倉帰還後、彼は奥州藤原氏の怨霊に悩まされるようになった。

無実の罪で義経や泰衡など数万の人間を死に至らしめたのにはさすがに気が引けたようで、怨霊をなだめるために永福寺という寺院を建立させた。その際、幕府の館の鬼門にあたる北東に寺を建て、怨霊を封じようとした。

だが大河兼任が義経の名をかたって挙兵すると、人々は「戦上手の義経は生きていて、大軍を率いて鎌倉へと攻め込んでくるのではないか」と噂し、震え上がった。頼朝は兼任追討の軍を出すとともに、義経の怨霊を鎮めるために永福寺の完成を急がせたという。

そして建久3年（1192）、永福寺の本堂が完成し、落成供養が行われた。当時の鎌倉の寺院ではもっとも規模が大きく、頼朝の怨霊に対する畏れがうかがえる。だが応永12年（1405）の火災で焼失し、その後再建されることはなかった。

ちなみに余談ではあるが、奥州藤原氏のシンボル的存在でもある中尊寺金色堂にも、怨霊にまつわる逸話が残されている。

建立当初は堂が屋外に建てられていたが、その後、金色堂を外から包む形で鞘堂を建てている。これは建物を風雨から守る目的もあったが、金色堂の光をさえぎることで怨霊を封じ込める狙いもあった。

鎌倉時代、金色堂は、奥州藤原氏の怨念が漂う不気味な場所と考えられていた。そのため、怨霊の視線をさえぎることで鎮魂しようとしたのである。

また、頼朝は罪人である泰衡の首を清衡、基衡、秀衡の遺体が眠る金色堂内に安置しているが、これは頼朝なりの泰衡に対する罪ほろぼしだったのだろうか。

武田信玄と織田信長の悪行

戦国武将が行った虐殺の真相

上杉軍の500の生首を志賀城の前に並べ、敵の戦意を挫いた武田信玄。名将・荒木村重の謀反に対し、122人の女房衆の処刑で報いた織田信長。戦国時代にあっても、非道ともいうべき二大武将の悪行に迫る。

500の生首を並べた武田信玄の非情

〝兵どもの夢の跡〟には怨念が渦巻いている。群雄が国盗りに明け暮れた戦国時代、戦いの中心は城を巡る攻防戦であった。寄せ手は手段を選ばず城内を追い詰め、城側も必死で敵の侵入を防いだ。ひとたび城が落ちてしまえば、負け組はみじめである。

平和裏に降伏・開城するケースもあるにはあるのだが、目を覆うような落城劇も少なくない。男はなぶり殺しに、女は慰み者に、子供・老人までもが容赦なく殺されてしまった血なまぐさい城郭は全国に点在しているのだ。

戦国指折りの名将として知られる甲斐の武田信玄は、現在でも長野県での評判がよろしくない。なぜなら信玄はこの地であまりに残虐な城攻めを行っているからだ。

天文16年（1547）、27歳の信玄は信濃一国の攻略に突き進んでいた。7月、信玄は豪族・笠原《かさはら》清繁《きよしげ》が拠る志賀城（長野県佐久市）という城を攻めた。武田軍は5000、守る笠原軍は500と、約10倍の兵力差があったとされる。

佐久は北に浅間山、南に八ヶ岳を望む高原で、西に碓氷《うすい》峠を隔てて上野と隣接していた。清繁は上野を地盤とする関東管領・上杉憲《のり》政《まさ》と組んで信玄に対抗していた勢力だった。志賀城は三方を断崖に囲まれた堅固な山城だったので清繁は善戦したが、武田軍の圧倒的な兵力の前では防御にも限界があった。

そこで清繁は上杉憲政に援兵を請い、これに呼応して憲政は

最大の死傷者を出した戦い

武田信玄と上杉謙信の川中島の戦いの中でも、第4回の激突はもっとも激しいものとなった。両軍合わせた死傷者の数は一説には1万5000以上。その後、鉄砲や大砲が実戦に取り入れられるようになると、戦国の戦いはより激しく、残酷なものになっていった。

「大日本歴史錦繪・西條山引坂之圖」
国立国会図書館所蔵

3000の兵を救援に向かわせた。憲政にとっても自領に近接する要衝・志賀城を奪われることは何としても阻止せねばならなかったのである。

8月5日、上杉軍が碓氷峠を越えたことを知った信玄はすぐさま迎撃を決意。重臣の板垣信方ら4000の兵を浅間山麓の小田井《おたい》原《はら》に急行させた。〝はやきこと風の如く〟は武田兵法のモットーの一つである。

敵が待ち構えているとも知らずに行軍していた上杉軍は、6日未明に信方らの奇襲を受け大惨敗を喫す。上杉軍は2000を超える戦死者を出し、小田井原から碓氷峠までの道は首のない死骸で埋め尽くされたという。

ここで信玄は志賀城内に向け、悪魔のような策略を思いついた。

「城の者に首を見せよ、大将首は槍の穂先で掲げ、雑兵の首は棚を作って並べよ」

城の前には500の上杉軍の生首が並べられた。清繁らは息を呑んで絶句し、この武田の残忍な行為を見つめた。武田の兵は人間でない、晴信（信玄）は犬畜生にも劣る男……城内から怨嗟の声が沸き上がった。

籠城戦とは援軍が来る前提で戦うものである。信玄は清繁らが抱いていたこの一縷の望みを断ち切るとともに、彼らの明日の運命を示して見せたのである。城内の士気をくじくための作戦とはいえ、あまりに非情なやり方だった。

10日から11日にかけ信玄は志賀城に火をかけ、城兵をあぶり出した。清繁は総兵玉砕を期して打って出て、善戦空しく敗死した。主だった将兵たちも次々に討たれ、300人もの戦死者が出た。志賀城が落城したのは11日の正午頃だった。

信玄は城内に残っていた笠原夫人以下、子供、老人ら200名あまりを生け捕りとし、本拠の甲府へ護送した。笠原夫人らの運命は哀れをとどめた。信玄はこのうち100名を一人3～10貫の値を付けて売りに出したのである。男は領内の金山へ送られ、女は遊郭へ売られた。笠原夫人は武田家臣の小山田信有《おやまだのぶあり》に20貫で買い取られ、妾にされている。この仕打ちはたちまち信濃全土の人々が知るところとなった。

武田に背くものはこうなる。信玄は敵対する武将たちに恐怖を植えつけ、暗に武田の軍門に降るよう脅迫したのである。

信長は身分に関係なく優れた人材を登用

天下統一の立役者であるとともに、比叡山焼き討ち、長島一向一揆討伐など、数々の惨たらしい虐殺を行ったことで知られるのが織田信長である。

信長の天下統一戦が軌道に乗ったのは、最大の敵だった武田信玄が病死した元亀4・天正元年（1573）からである。信長はこの年、足利義昭を追放して室町幕府を滅ぼし、上洛以来の仇敵だった浅井・朝倉氏を討ち、畿内・北陸の覇権を固めることに成功している。

「織田信長像」写真提供／フォトライブラリー

この頃から信長の家臣として仕えるようになったのが摂津の荒木村重《むらしげ》という武将である。村重は摂津池田氏の重臣だったが、下克上でのし上がり、池田家中を掌握していた男だ。度胸満点の猛将としてもよく知られる。

村重と信長には面白いエピソードがある。大津の陣で村重が信長に初めて謁した際、信長は何を思ったか、刀を引き抜いて前にあった饅頭を二つ三つ突き刺し、「これこれ村重」と目の前に示したという。

村重はまったく動揺した様子も見せず、何と口を大きく開けて饅頭を食べようとした。信長は驚くとともに「村重は日本一の器である」と感心し、脇差と名画を与えたという。

村重は、翌年に信長の命で伊丹城（兵庫県伊丹市）という城を攻め取ると、新参ながら摂津一国を与えられるという破格の待遇を受けた。

以後、村重は信長の将として活躍するとともに、伊丹城を摂津の太守の居城として相応しい城に大改修し、名も有岡城《ありおかじょう》と改めた。有岡城は東西0・8キロ、南北1・7キロに及ぶ総構え（城と城下町全体を堀や塁で囲んだもの）を備える堂々たる城となった。

荒木村重に裏切られ、妻子らを虐殺した信長

だが、信長と村重の蜜月は長くは続かない。天正6年（1578）10月に村重は突如信長と敵対していた石山本願寺と結び、謀反を起こしてしまったのである。

村重の反乱の理由は定かでない。一説に村重が熱心な念仏信者だったことから本願寺と通じたとも、細川藤孝《ふじたか》（幽斎《ゆうさい》）が信長に村重の叛意を讒言《ざんげん》したため、また部下が本願寺に兵糧を送った事実が明るみに出たため、属将らに「信長に一度疑いを持たれれば必ず滅ぼされる」と進言され、やむを得ず謀反したともいう。

とはいえ、信長もかつて離反した柴田勝家や松永久秀らを許した経緯がある。秀吉も北陸の陣で君命に背いたことがあるが、処罰されなかった。信長は巷間伝わるような暴君ではなく、真に有能な人材を大切にするリーダーだった。

はたして信長は村重に翻意する

よう使者を送り、本拠の安土城（滋賀県近江八幡市）に弁明に来るよう求めた。信長は明らかに村重という人材を惜しんだのだ。しかし、村重の意志は変わらなかった。

信長はただちに光秀、滝川一益《かずます》らを中心とした追討軍を差し向けた。一方、村重は本願寺とともに中国の毛利氏とも通じ、尼崎城（兵庫県尼崎市）、花隈城《はなくまじょう》（同神戸市）、高槻城（大阪府高槻市）、茨木城（同茨木市）など摂津の諸城に軍を配置し、信長軍の来襲に備えた。

天下の堅城、有岡城を落とすことは容易でなかった。そこで信長は村重配下の中川清秀《きよひで》、高山右近らを調略して、周辺支城を着実に降し、有岡城を孤立させる作戦をとった。一方、村重は毛利と本願寺からの援軍を期待していたが、ついに援軍は現れなかった。毛利・本願寺とも、兵をさく余裕はなかったのである。

翌天正7年（１５７９）9月、追いつめられた村重は妻のタシら家族を残して、数名の従者とともに尼崎城へ移った。同城には毛利の援軍がいたことから、毛利との連携を密にしようと画策したのかもしれない。

だが、大将が本城を離れた事実は城内に動揺を呼び、次々に離反者が出た。織田軍は難関の総構えを突破して城を追いつめ、11月に城方を降伏開城させた。タシら荒木一族と重臣36人、家臣の妻子１２２人、それ以外の兵、妻子、侍女（男１２４人、女３８８人）は囚われの身となった。

信長は尼崎城の村重に「尼崎・花隈両城を開城し出頭すれば家族と兵の命は助ける」と告げたが、村重はこれも拒んだ。信長は「不憫だが村重のような佞人（口先巧みで心が邪《よこしま》な人）は懲らしめねばならない」と、人質の処刑を指示した。

タシら一族と重臣36人は京に送られ、市中引き回しの上、六条河原に引き出されて首を斬られた。美女として知られたタシは「帯を締め直し、髪も結い直して小袖の衿を後に引き、落ち着いて立派に切られた」（『信長公記《しんちょうこうき》』）とある。

家臣の妻子１２２人は磔にされ、銃殺された。それ以外の人質衆５００名余りは尼崎の4軒の農家に押し込められ、周囲に枯れ草を積んだ上で焼き殺された。その惨状は、織田の兵たちも目を覆う惨状だったという。

その後、村重は毛利氏の許へ逃れた。信長の死後は茶人として秀吉に仕え、出家して名を「道糞《どうふん》」（のち道薫に）と名乗り、天正14年（１５８６）に堺で没した。

有岡城の石垣

有岡城は「主郭部」と家臣団の住む「侍町」、町人の住む「町屋地区」から成る。主郭部は西側と南側に人工の堀があり、侍町と町屋地区を含む周囲を堀と土塁で囲んだ総構えの城だった。主郭部は、土塁の石垣や建物・井戸・堀跡などが復元されている。写真提供／フォトライブラリー

直江兼続の八王子城殲滅作戦

義の人も時に非情になった乱世の真実

謙信の志を継ぎ、戦国一義に篤い男といわれる兼続。しかし、主君と領国を守るためには、時に非情な皆殺しも躊躇しない怖ろしい一面もあった!

直江兼続所用具足

直江兼続所用の「金小札浅葱糸威二枚胴具足《きんこざねあさぎいとおどしにまいどうぐそく》」。前立ての「愛」の文字が特徴的で、その由来は愛宕権現の愛の文字を採用したなど諸説ある。

上杉神社所蔵

秀吉に惚れられた忠臣・直江兼続

直江兼続《かねつぐ》という武将は織田信長・豊臣秀吉・徳川家康のように天下統一を目指したわけではなく、武田信玄・上杉謙信のように英雄であったわけでもない。武士の家に生まれたとはいえ、兼続の父は坂戸城《さかとじょう》で薪や炭の管理をしていた薪炭用人《しんたんようにん》だった。決して身分が高かったわけではない。だが、

春日山城の上杉謙信像。

兼続は「忠臣二君に仕えず」を貫き、生涯を通じて謙信の後継である上杉景勝《かげかつ》を支えたことで後世に名を残した。

実は直江兼続の幼少期の記録はほとんど残っていない。ただ、幼い頃から聡明だった彼は、長尾《ながお》政《まさ》景《かげ》の妻で上杉謙信の姉でもある仙《せん》洞院《とういん》に見いだされ、景勝の近習に推挙されたという。政景が亡くなると、景勝は仙洞院とともに上杉謙信の春日山城《かすがやまじょう》に引き取られることとなった。このとき、兼続も一緒に入城している。

美貌と才気を認められた兼続は謙信の寵愛を受け、衆道《しゅどう》（男色）の相手となったとする俗説もあるが、彼が謙信のもとで近侍したことを示す史料はない。これは講談や講釈本におもしろおかしく書かれただけであろう。

天正10年（1582）、本能寺の変によって日本は大きく揺れる。織田信長が天下統一をほぼ完成した矢先に起こった反逆事件。多くの武将が混乱し、対応に苦慮したなか、的確に動いたのが豊臣秀吉だった。秀吉は信長の一家臣に過ぎなかったが、信長の後継者を名乗り、諸大名を圧倒した。このとき上杉家は秀吉からの出陣要請を受け、その期待に応えて篤い信頼を得た。

講談によると越後と越中の境にある落水城《おちみずじょう》（新潟県糸魚川市）で、景勝と兼続は初めて秀吉に謁見している。秀吉はわずかな部下とともに、突然城にやってきた。家臣たちは秀吉を殺害する絶好の機会だと景勝に進言する。景勝は兼続に目線をやると、兼続は頷いて主君の意思を皆に告げた。

「武器を持たずにやってきた者を殺しては武士の恥。上杉家は義を尊ぶ家柄である。急襲をかけるなど義が成り立たない」

こうして秀吉を手厚くもてなしたという。

このとき秀吉の側にあったのが石田三成であった。秀吉と景勝、偉大な君主の下で政務を担当する三成と兼続は強い信頼関係で結ばれる。

天正14年（1586）、秀吉に招かれ、景勝と兼続は初めての上洛を果たした。ここで、景勝は従四位下左近衛権少将に任じられる。公的には殿上人となり、大名の中でも高位となった。

天正16年（1588）、景勝と兼続は再度上洛した。景勝は従三位が与えられ、ついに公卿となった。兼続にも従五位下が与えられ、景勝を通してではなく、秀吉直下への仕官を打診された。ここで兼続は角が立たないように誘いを断っているが、もし受けていたなら景勝よりも多い禄高を保証されていただろう。だが、兼続にとって君主とは景勝ただひとりだった。それでも秀吉は兼続を惜しみ、豊臣の姓を授けている。もはや、上杉家の家臣というより、独立した大名というべき身分であった。

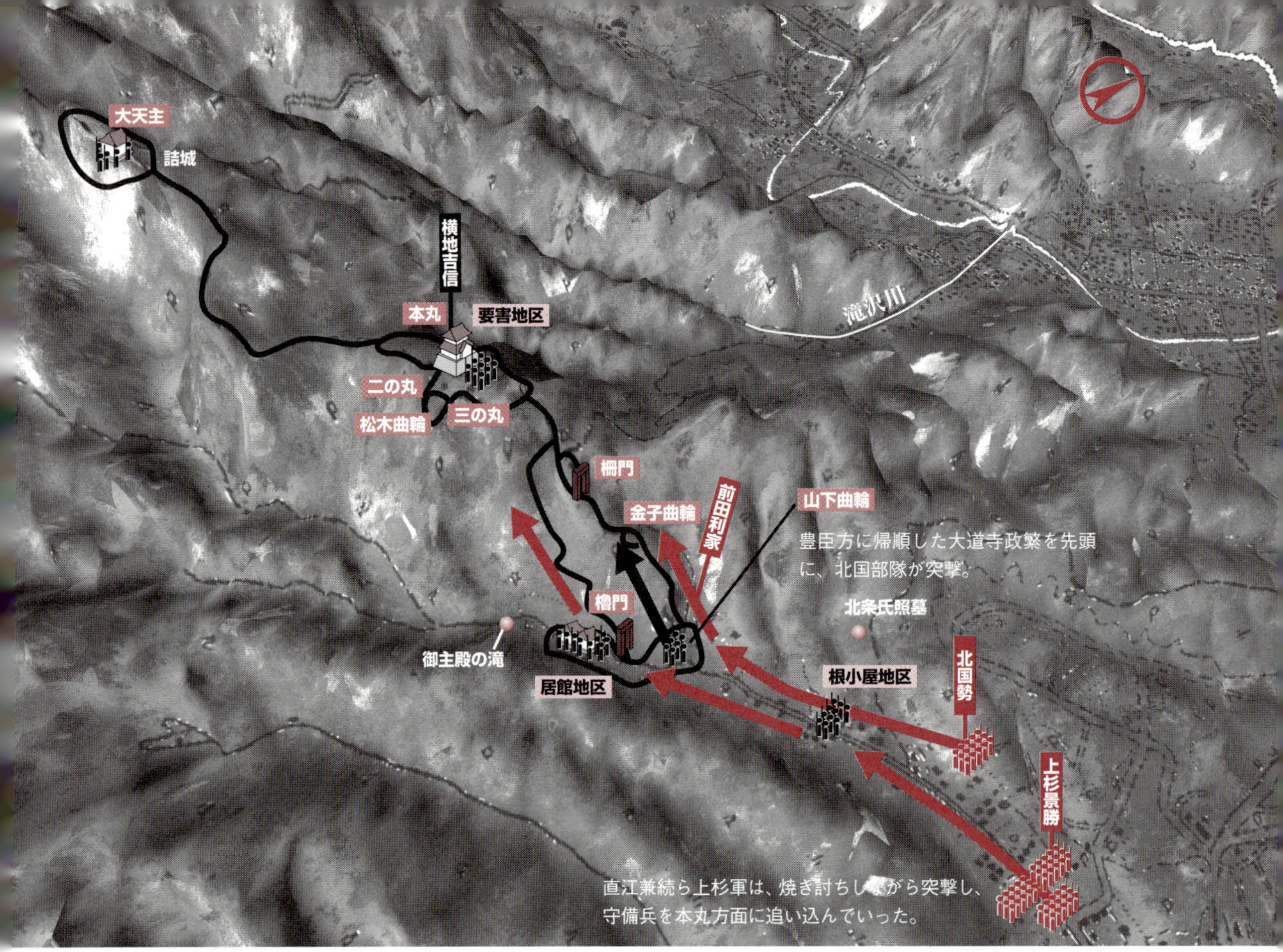

八王子城攻めで1000人を大虐殺

そして、天正18年（1590）、秀吉は天下平定に向け最後の大戦に臨んだ。小田原の名門・北条氏の討伐である。秀吉は全国の大名に号令をかけ、軍勢を2つに分けた。家康と西国の大名からなる主力部隊と、前田利家を大将とする北国部隊である。上杉軍は北国部隊に属し、景勝は副将格であった。北国部隊は前田軍1万8000を主軸に、上杉軍1万、真田軍3000など、総勢3万5000の大勢力となる。

上杉軍は2月10日に春日山城を出発し、前田軍・真田軍と合流すると、碓氷峠を目指し、まずは北条方の松井田城を攻めた。城主・大道寺政繁《まさしげ》は籠城策を取って激しく抵抗したが、兼続は城下を焼き討ちにするなどして攻撃。激戦の末、4月に政繁は降伏した。

北国部隊は武蔵松山城（埼玉）の攻略に成功し、景勝と兼続は秀吉の命令を受け、鉢形城《はちがたじょう》（埼玉）に向かった。だがここは、北関東の拠点となる城だけに鉄壁の守りを誇り、北国勢は苦戦する。徳川軍から派遣された本多忠勝や鳥居元忠らの援護を受け、6月に落城させたが兼続は秀吉から厳しい叱責を受けた。

次の標的は八王子城（東京）であった。ここは小田原城の支城であり、関東西方の軍事拠点となる巨大な山城である。だが、城主の北条氏照《うじてる》は小田原本城へ向かっており、豊臣本隊と戦っていた。そのため、城内は横地監物《よこちけんもつ》、狩野一《かのういち》庵《あん》、中山家範《いえのり》の3人に率いられた兵と戦禍を避けて避難していた領内の農民・婦女子、合わせて1000人ばかりが立て籠もるのみだった。

秀吉の機嫌を損ねるわけにはいかない兼続は、早々に結果を出さねばならなかった。そこで、6月23日早朝、北国部隊は3万5000の兵をもって城を攻撃した。

八王子城

八王子城は北条氏政の弟・氏照が標高445mの深沢山に築城した、石垣で固めた中世山城の最終モデルといわれる。東西2km、南北1kmにおよぶ巨大な山城で、周辺の支城や城下町を含めれば関東最大級の規模。本丸が置かれた山頂の要害地区、麓の居館地区で構成される。山麓から本丸までは片道約1時間。その先の詰城・大天主までは30分以上かかる。現在、麓の居館地区は発掘調査が行われ、御主殿や虎口、石垣、曳《ひき》橋《はし》などが復元されている（写真右）。本丸跡（写真下）には、城代・横地監物を祀る供養塔がある。

写真提供／すべてフォトライブラリー

乱戦の中、多くの女性が御主殿の滝に身を投げて命を落としたという。

圧倒的な兵力の差を知りながら上杉軍は猛攻を仕掛ける。八王子城はその日のうちに陥落した。籠城戦の場合、戦略として開城をうながすように交渉するものだが、八王子城の場合は北条氏への見せしめの意味もあったので降伏さえ許されなかった。

　女子供を問わず虐殺、北条軍の兵は全滅した。城主や家臣の妻女、腰元たちは兵の狼藉から逃れるために滝へ飛び込み自害した。滝の水は三日三晩血で赤く染まったという。兼続が下した凄惨な命令は、戦力にならないとはいえ、北条方の民に手心を加えることで、秀吉の勘気に触れることを恐れたためであった。

　その後、徹底抗戦を主張した北条氏政と氏照だが、間もなく自害。北条氏の降伏により、武田信玄・上杉謙信らの名将をしても落とせなかった戦国一の堅城・小田原城が、ついに開城することになった。

　なお、八王子城跡は徳川幕府の直轄領として明治時代まで立ち入り禁止となっていた。そのため、近年まで観光地化もされず、比較的よく遺構が残っている。無辜の民が大勢虐殺されたために関東の心霊スポットとしても有名で、城主の居住地であった御主殿近くの滝では自害した女性の声が、観音堂には武士とその妻女たちが現れるのだという。

秀吉の兵糧攻めで起こった飢餓地獄

鳥取城で行われた戦国のカニバリズム

“天下人”豊臣秀吉の成功の陰には身の毛もよだつ残酷譚が少なくない。なかでも中国侵攻作戦での鳥取城攻略戦は、苛烈な兵糧攻めの末、人が人を喰らうおぞましい飢餓地獄を呼んだことで知られる。いったい鳥取城で何が起こったのか。

鳥取城の復元された石垣。
写真提供／フォトライブラリー

城攻め名人秀吉による過酷な兵糧攻め

日本の歴史の中でもタブー中のタブーとされてきたもの、それがカニバリズム（人が人を食べる行為）である。１９８１年のパリ人肉事件（日本人留学生が知人女性を殺し、その人肉を食べた事件）は世を震撼させた。交尾を終えたメスがオスを食べることで知られるカマキリをはじめ、共食いする動物は昆虫を筆頭に枚挙に遑《いとま》がない。「畜生道に墜ちる」とは人が人でなくなることでもあるのだが、カニバリズムはその最たるものといえよう。

だが、極限的な飢餓に追いつめられた場合、時に人はこのタブーを犯す。日本史の中でも江戸時代

「鳥取城跡の吉川経家像」写真提供／フォトライブラリー

の4大飢饉など、人肉食の記録は少なくない。このうち、中世を代表するカニバリズムとして有名なのが、戦国時代の豊臣秀吉による鳥取城攻略戦であろう。

天正5年（1577）、天下統一を目前にしていた織田信長の命を受け、秀吉の毛利征伐がスタートした。〝城攻めの名人〟秀吉は知略をフルに発揮し、上月城《こうづきじょう》（兵庫県佐用郡）、三木城（同三木市）など毛利方の重要拠点を次々に陥落させていった。この三木城攻略戦の決め手になったのが〝渇え殺し〟、つまり兵糧攻めである。

敵の籠城作戦を見抜き伯耆の米を買い占める

古来、兵糧攻めは犠牲の多い力攻めに比べ、「戦わずして勝つ」という効率のよい作戦だ。合理主義者でもある秀吉は、次のターゲットとなる伯耆《ほうき》・因幡《いなば》の要衝である鳥取城でも、この戦法を使おうと考えていたのである。

一方、毛利氏は重臣の吉川経家《きっかわつねいえ》を天正9年（1581）3月、鳥取城の総大将として入城させた。城を守る兵は計1400人。これに対する秀吉軍は2万余に上る。無論、まともに戦っては経家に勝ち目はない。幸い鳥取城は久松山（標高264メートル）に築かれた山陰有数の要害、経家は早くから籠城戦を決意していた。

伯耆地方は11月になると大雪が降るため、籠城長期戦に持ち込めば敵が包囲戦を続けることは難しくなる。経家は秀吉軍の到着を7月と読んだ。この計算でいくと、4ヵ月しのげば秀吉軍は撤退を余儀なくされることになる。となれば戦さの命運を分けるのは兵糧―だが、ここで大きな落とし穴が待ち構えていた。その兵糧がないのである。伯耆の米の流通が機能不全に陥っていたのだ。

経家の作戦を早々に見抜いていた秀吉は、若狭から米廻船を廻し、高値で伯耆の米を買い占めていたのである。すでに戦いは始まっていた。慌てた経家は必死に兵糧を探したが、2～3ヵ月分を集めるのがせいぜいだった。

遺骸を切り分けむさぼる兵士たち

果たして秀吉軍は7月に鳥取城へ来襲、久松山を2万余の兵で包囲した。毛利本軍は救援を差し向けようとしたが、抜け目のない秀吉はこれをことごとく阻止。すべての糧道をも遮断して鳥取城を孤立化させた。経家も討って出るわけにいかず、秀吉も攻めず、ただ時だけが過ぎた。

9月、10月、兵糧の尽きた城内は飢餓地獄へと陥る。兵たちは木草の葉を食べ、次に稲株を喰い、最後は牛馬をも殺して喰いあさるようになった。城の男女はみな無残に痩せ細り、なかには城外の柵にすがって「助けてくれ」と泣き叫ぶ者もいたが、敵兵に鉄砲でつるべ撃ちにされる有様だった。

限界のうえに限界を超えた城内は、ついに衝撃的な結末を迎える。敵の鉄砲に撃たれ、虫の息になった者のまわりに刀を持った兵が群れ集まり、節々を切り離し、その肉を取りあったのだ。

「なかでも頭はよき味と見え、首をこなたかなたへ奪い取り逃げた」（『信長公記』）。人喰いの話はこれだけではない。城内には死んだ子供の死体を尻の下に敷いてむしり喰う親の姿もあった。

戦さとは非情なものだが、「人が人でなくなる」ほどのカタストロフィを迎えた鳥取城攻防戦ほど悲しい戦さはない。

ここに至り、ついに経家は降伏開城を決意する。経家は城兵の命と引き換えに切腹を申し出、秀吉もこれを許した。城から出てきた兵たちは見る影もない様子だったという。雪降る11月を目前にした10月25日、経家は真教寺の仏殿で切腹した。

秀吉は久松山の麓に大釜を用意し、投降してきた兵たちに粥をふるまった。だが、一気に粥をむさぼり喰う者が多かったため、頓死する者が大半であったという。

大江戸拷問記！
伝馬町大牢の悲惨な実態

伝馬町処刑場跡

伝馬町の牢屋敷跡は現在公園となっており、近くの神社に伝馬町牢屋敷処刑場跡の石碑が建っている。吉田松陰が処刑されたのも、この場所である。

写真提供／グレイル

奈良時代からあった日本の拷問

日本で拷問が正式に制度化されたのは奈良時代で、すでに『大宝律令』には訊杖《じんじょう》（約1メートルの細い棒）で打つ刑について記されている。

これは、罪の疑いが濃厚であるにもかかわらず自白しない者に対して、背中15回、尻15回を打つというものだった。それでも自白しなければ、20日以上の間隔をあけて再度行われた。

打つ回数は合計200回以内と決められており、皇族や役人など特権階級、子供、老人、出産間近の女性には行われなかった。

ただし、国家への反逆罪については、身分にかかわらず、回数も上限なしで杖打ちが続けられ、それによって命を落とす者もあった。

その後の『養老律令』には実刑として死刑、流罪のほかに笞打《むちうち》、杖打、強制労働があった。

しかし、同時に“贖銅《しょくどう》”という罰金刑も導入されており、役所に銅（当時は銅銭のほか、布、稲などもお金代わりに用いられた）を納めることで刑を免れることができたという。その値段はというと、笞打10回に対して銅1斤《きん》（約600グラム）程度。現在の貨幣価値にすると、一説には20万円程度といわれている。

拷問は基本的には罪を自白させるのが目的で、苦痛を味わわせて殺すのが目的ではない。江戸時代のキリシタンへの拷問も、棄教させることが目的である。

ちなみにイエス・キリストが受けた磔刑《たっけい》は、古代ローマの処刑法で、いかに殺さずに苦痛を与えられるかをテーマに考え出されたものだ。

当初は大地に1本の棒を立て、両手を縛り持ち上げて吊していた。だが、これだと横隔膜の収縮が妨げられ、すぐに窒息死してしまうのである。そこで、棒のてっぺんに横木を乗せて、そこに両手を広げさせて両手足を釘で打ち付けた。つまり、当初の十字架は、丁字形（タウ十字）だったわけだ。これで呼吸は楽になったが、全体重が傷口にかかった状態で、長いときには十日以上も耐えねばならなかった。飢えと渇き、野犬にも悩まされながら、苦痛のうちに死んでいったのである。

このような拷問は、死刑を宣告された国家反逆者などに対して行われるもので、多分に見せしめの意味があった。

逆さ釣責の拷問

これは牢屋敷での拷問の様子ではないが、逆さに「釣責」した姿を描く。安達ヶ原の鬼婆の伝説を描いた錦絵で、あまりの残酷さから、明治政府により発禁処分となった。

「奥州安達がはらひとつ家の図」
月岡芳年画、国立国会図書館所蔵

複雑化する江戸時代の刑罰

江戸時代の刑罰はかなり複雑化するが、見せしめのために厳罰主義となっている。牢獄はもとは南町奉行所の近く常盤橋門外にあったが、慶長年間に小伝馬町《こでんまちょう》に移転され、明治8年（1875）に廃止されてその役割を全うした。

町奉行の下に牢屋敷を管理する囚獄（牢屋奉行）・石出帯刀《いしでたてわき》がおり、この役職は世襲である。牢獄といっても現在の刑務所よりは拘置所といったほうが適切で、罪人を尋問するための拷問が行われていた。

その方法については、江戸奉行吟味与力を務めた佐久間長敬《おさひろ》が晩年に書き残している。彼自身が目の当たりにし、実際に行ったことが記された内容は、今読んでも身に迫るものがある。

幕府が定めた四種の拷問とは「笞打」「石抱《いしだき》」「海老責《えびぜめ》」「釣責《つりぜめ》」をいう。「笞打」「石抱」「海老責」は昔から伝わっている方法で、これらを〝責《せき》問《もん》〟と言い、幕府は「釣責」のみを〝拷問〟と呼び区別した。

拷問は町奉行の管轄下にあり、与力が執行した。記録を取る者や幕府の御目付、牢屋医者が拷問に立ち会い、囚人に何かあれば医者がすぐに手当てを行った。

また、拷問が終わると囚人に気付け薬を与え、脈を診ている。拷問の目的は自白させることにあり、そのために役人は慎重にことを進めたのである。

江戸幕府公認の四種の拷問とは？

●笞打

囚人は手鎖を外され、もろ肌を脱がされ、下男によって太縄で縛り付けられる。左右の腕先は背後の肩まできつく締め上げられ、その縄先を前後に引き分けて、囚人が動けないようにした。これだけでも相当な苦痛である。

打役は拷問杖で囚人の肩を力いっぱい打ち叩く。場合によっては打役2人が左右交互に叩くこともあった。皮膚が破れ、血が出ると、下男が傷口に砂を振りかけ血止めを行い、その上をまた杖で打った。

数にして150回程度打ち、白状すれば拷問は終了である。

「石川五右衛門刑場の図」国立国会図書館所蔵

●石抱

「笞打」で白状しなかった者は「石抱」の拷問に移る。

これは真木（十露盤《そろばん》板とも）という三角板の上に囚人を座らせ、太ももの上に石板を5枚重ねるというものである。

石板は1枚約50キログラム。250キログラムを太ももの上に置かれた囚人はたちまち口から泡を吹き、鼻水を出すという。

大抵は5枚も積めば気絶してしまうので、拷問はそこで中止する。白状しなければ、日を置いてまた行い、そのときは石板の枚数を増やす。白状するまでこれを続ける。初日にいきなり10枚積むのは稀なことであるという。

10枚積んで4～5時間おくと、囚人は全身蒼白になり口から泡や血を吐く。そこで下男は石板を揺り動かす。するとスネが真木に食い込み、その痛みは骨が砕けるほどであった。この責めを受けたために足が萎え、不具になってしまう者もいた。

足先から色が変わり、蒼白色が腹まで上がってくると、囚人の命は消える寸前。これ以上続けるかどうかは与力の判断に任せられる。

拷問を中止するときはすぐに石板をおろし、囚人を釣台に乗せて仰向けに寝かせる。気付け薬と冷水を与えたら、牢内に運び戻すのである。

●海老責

「笞打」や「石抱」でも白状しなかった者に行われるのが、「海老責」であった。これは他の拷問を受けて弱った体が回復するまで数日待ち、拷問蔵で行われる。

まず、囚人を下帯1枚にする。両腕を後ろ手に固定し、胡座《あぐら》をかかせ、両足首を重ねて縛る。そして、足首があごにつく高さまで引き上げて絞るのだ。

このまま30分も経つと全身は真っ赤に染まり、冷や汗も出なくなる。それから1時間すぎると体は紫色から暗蒼色に変わり、蒼白になる。こうなると命にかかわるのですぐに縄を解くが、ここまで耐える者は滅多にいないという。

この拷問は全身が紅潮して海老のように見えるから、もしくは海老のように腰を曲げて縛られるから「海老責」の名が付いたといわれる。

●釣責

先の三種の拷問でも白状しなかった者に対して行われるのが「釣責」である。

囚人を上半身裸にし、手を後ろにねじり上げる。腕が重なった部分に和紙と藁を巻き、その上から縄で縛り、縄尻を胸元に回して梁に引き上げるのである。

自分の体重で縄が皮肉に食い込んで、気絶しても苦痛で意識を取り戻すほどだった。「釣責」はせいぜい2時間が限度で、それでも足の爪先から血が滴り落ちたという。

基本的に拷問とは、死罪に相当する悪事が明らかでありながら、本人が白状しないときに行われるものであった。そのため証拠が挙がらない囚人に関しては、拷問できないのが建前である。

ただ、拷問によって囚人が死んだ場合は、それが過失や故意でない限り、町奉行や与力が罰せられることはなかった。

徳川時代の刑法

正刑	呵責	叱り／急度(きっと)叱り	叱責の上、放免する
	押込	軟禁	10日以上、１００日以内、家居させる
	敲(たたき)	軽敲(50回)／重敲(１００回)	庶人に行う。ほうき尻をもって背を打つ
	過怠牢舎(かたいまっきょ)	軽50日／重１００日	女子及び15歳未満の男子で、敲刑にあたる者に行う禁固刑
	追放	所払い	居村、居町から追放
		江戸払い	品川、板橋、千住、四ッ谷大木戸から追放
		江戸十里四方追放	日本橋から半径五里四方への立ち入りを禁止
		軽追放	江戸十里四方、京、大坂、東海道筋、日光、日光道中から追放
		中追放	武蔵、山城、摂津、和泉、大和、肥前、東海道筋、木曽路筋、下野、日光道中、甲斐、駿河から追放
		重追放	上の他に相模、上野、安房、上総、下総、常陸、京はさらに河内、丹波、近江から追放
	遠島	伊豆七島(江戸)、隠岐、壱岐、天草五島(関西)	
	死刑	下手人(げしゅにん)	牢内で首を切る
		死罪	牢内で首を切る
		火罪(かざい)	放火犯に適用。馬に乗せて市中引き廻しの上、火あぶり
		獄門(ごくもん)	牢内で首を切り、市中に晒(さら)す
		磔(はりつけ)	磔にして槍で殺す
		鋸挽(のこぎりびき)	通行する希望者に竹鋸で首を挽かせ、後に槍で殺す
属刑	晒(さらし)	本刑前に１日引き廻し、刑後に３日刑場に晒す	
	入墨(いれずみ)	盗犯に行う刑で、手や額などに入墨。各地で異なる	
	闕所(けっしょ)	本刑の軽重によって、動産、不動産を没収する	
	非人手下(ひにんてか)	重い場合は遠島の上、非人籍に編入する	
閏刑(じゅんけい)	士族	逼塞(ひっそく)	門扉を鎖(とざ)し昼間の出入りを禁ずる
		閉門(50日／１００日)	門扉を鎖し竹槍を構えて奴婢の出入りを禁ずる
		蟄居	閉門と同じ。ただし、一室内に蟄居
		隠居	隠居し、その扶持を子孫に渡す
		永蟄居	終生、蟄居させる
		改易	永く士族以上を除籍し、その扶持を没収する
		預(あずけ)	無期で他家に禁錮する
		切腹	自ら腹を切らせる
		斬罪	正刑の死罪と同じ
	僧侶	晒	市上に拘縛し、公衆に３日晒し、本寺に渡す
		追院／退院	官職をとき、寺に帰るのを禁ずる
		一派構(いっぱがまえ)	宗門の一派を除却する
		一宗構(いっしゅうがまえ)	一宗を除却する
	庶人	過料(かりょう)	納められなければ手鎖となる
		閉戸(20日／30日／１００日)	門戸を鎖し、営業を停止する
		手鎖(30日／50日／１００日)	両手に手錠をかける
	婦人	剃髪(ていはつ)	頭髪を剃り、親族に下げ渡す
		奴(やっこ)	本籍を除し、請者に下げ渡し奴とする

日本史珍百景

実物より美しすぎる!?

彫像七選

偉人を輩出した土地を訪れると、よく見かけるのが彫像だ。どこまで実物に近いかは不明だが、有名なものを見ていこう。

教科書にも載っている西郷隆盛の肖像画は、実は死後に描かれたもの。西郷の写真は1枚も残っておらず、上野公園の有名な像も後世の伝聞からつくられたイメージなのだ。

写真提供／フォトライブラリー

昔の教科書に載っていた長谷川等伯の信玄の肖像。写真の甲府駅前の像もそれをもとにつくられたが、実際は若い頃から労咳に苦しんだ信玄は、もっと痩せていたと考えられている。

写真提供／フォトライブラリー

頼朝の肖像といえば、長らく京都神護寺のものが教科書にも載っていた。この像もそれに倣ったと思われるが、現在は別人説が有力。

写真提供／フォトライブラリー

五 前田利家

前田利家の肖像は複数残っているが、犬千代時代のものはほとんどない。生誕地の名古屋市中川区の像は、この珍しい犬千代時代のもの。幼い頃は信長の小姓（愛人）だったともいわれるだけに、かなりの美少年像となっている。
写真提供／グレイル

信長の顔を生前に描いたものはないが、いずれも中肉中背、色白で鼻が高く、なかなかの美青年だったと思われる。銅像も各地につくられているが、これは岐阜城にある若い頃の姿をイメージしたもの。躍動感溢れる造形となっている。

写真提供／フォトライブラリー

四 織田信長

七 坂本龍馬

龍馬の写真に忠実につくられた像。故郷・高知市の桂浜を見渡す場所に建てられている。トレードマークの額のハゲ具合は、若干盛っている気もするが……。
写真提供／フォトライブラリー

六 上杉謙信

謙信の肖像といえば、出家後の無精ヒゲをはやした姿が有名だ。女性説もある人物だけに、わざと男らしい表現をしたとも噂される。春日山城の像も、威風堂々とした姿が印象的。
写真提供／グレイル

錬金術

人造人間を生んだ奇跡の魔術師パラケルスス

ファウストのモデルで当時、最高の医師

「目の前で小銭を金貨に変えた」「彼が持つ長剣には悪魔が閉じ込められていて、その柄には『賢者の石』が埋め込まれている」……さまざまに噂される16世紀最高の医師で、錬金術師でもあったパラケルスス。ゲーテの『ファウスト』のモデルとしても有名である。放浪の医師として過ごした生涯は伝説に彩られ、謎に満ちたものだった。

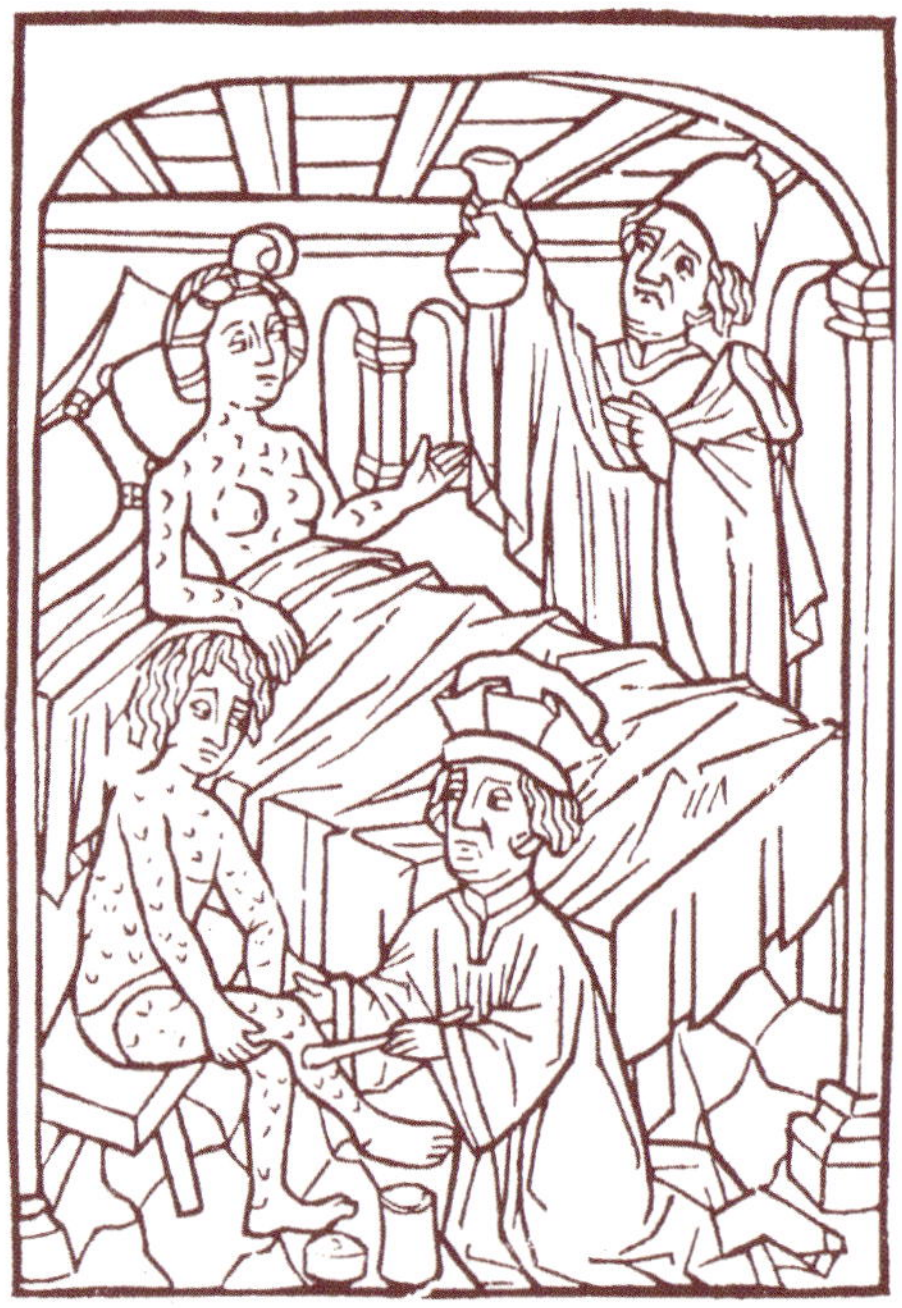
15世紀の梅毒患者の治療の様子を描いた木版画。

1493年、パラケルススはスイスで生まれた。パラケルススとは通称で、古代ローマの名医ケルススより優れているという意味だ。医師であった父から自然哲学の教えを受け、14歳で医学の道に進む。大学卒業後は、ヨーロッパ諸国はもちろん、アジアやアフリカまで世界各地を精力的にめぐったという。放浪中に伝統医療を学び、さまざまな患者と症例に接することで医師としての経験を積んだ。

伝説によれば、パラケルススはコンスタンティノープルを訪れたときに「賢者の石」を手に入れたとされる。「賢者の石」とは、錬金術師たちが求めてやまない物質練成の奥義《おうぎ》をいう。

錬金術とは狭義的には「卑《ひ》金属を貴金属に変える秘術」であるが、本来は一般の物質を「完全」な物質に練成することを目的としており、生命の根源へ到達することで人間を不老不死にできるという。銅や鉛を金に練成させるのは過程に過ぎない。

パラケルススによれば、銅や鉛の卑金属（現在は科学的には銅は貴金属に分類される）は病んだ金属であって、治療を施すことで金などの「完全」な物質に変えることができ、その方法こそが「賢者の石」なのだった。錬金術とは当時の最新科学であり、思想・哲学にも影響を与える総合学問だった。

パラケルススは錬金術を「人々を病気から救う医薬をつくる技術」と考え、ヨーロッパでそれまでに何度も大流行を繰り返し、都市を丸ごと壊滅させるほどの死者を出したペスト（黒死病）や梅毒《ばいどく》など、難病の治療にあたった。

人造人間ホムンクルスの研究

その後、大学教授になったパラケルススだが、閉鎖的な医学界と対立し追放されてしまう。この頃から占星術やカバラを取り込んだ研究に没頭する。当時、不治の病の原因は、天体の運行が乱れたためなどと考えられ、それを予測するために天文観測や占いが流行していた。

パラケルススが完全なる生命体「ホムンクルス（人造人間）」の研究を始めたのも、この時期だろう。ホムンクルスをつくる方法は次の通りである。人間の精液を蒸留器に入れ密封する。40日過ぎると腐敗した液から人間らしきものが胎動し始める。それに人間の血を与え、生きた馬の子宮と同じ温度で40週間養うと、人間の女性が産んだ子供とまったく変わらない人造人間が誕生するというのである。

ただ、これはとても小さく、妖精のようなものだとされている。パラケルススは自分の精液を使って人造人間をつくり、それに成功した唯一の人間であるとされている。

彼の最後の実験が、死を目前にした自らを再生するというものだった。弟子に薬を渡すと、自分の死体を細かく刻み、その薬をかけるよう指示をした。それを容器に密封し、9ヵ月たつと新たな生命体として蘇るという。しかし、好奇心に駆られた弟子は7ヵ月目に容器を開けてしまった。そこには胎児のようなものがあったが、外気に触れた途端、死んだと伝えられる。

第3章 解き明かされる古代の謎

昔話に秘められた征服された古代王朝の系譜

浦島太郎の昔話と失われた丹後王朝

日本各地に残る浦島太郎伝説の元は何だったのか？　原形を辿るうちに見えてきた、大和朝廷による東方侵攻。伝説は権力に抵抗した敗者の訴えだった!?

「浦島太郎」国立国会図書館所蔵

「浦島太郎」の昔話とは元はどのような話か？

「浦島太郎」は日本人なら誰でも知っている昔話である。亀を助けたお礼に竜宮城に連れて行ってもらうという内容は非常に道徳的で、明治時代には教科書の題材になり、文部省唱歌にもなった。

一般には「桃太郎」や「花咲じじい」などの昔話と同様に思われているが、「浦島伝説」の成立はかなり古い。実はこの話のモチーフは海洋民族の伝承パターンの一つで、世界中にみられるのである。日本でもっとも古い記録は『日本書紀』である。

「雄略天皇22年の条、丹波《たんば》国の余《よ》社郡《さのこおり》、管川《つつかわ》の人、瑞江《みずのえの》（水江）浦《うら》嶋子《しまこ》という者が舟で釣りをしていると、大きな亀が釣れた。亀はたちまち美しい女に変わった。浦嶋子は彼女に心を奪われ、妻にした。2人は海に入り、蓬莱山《ほうらいさん》に行き、仙人と楽しく暮らした」

年代ははっきりしないが『丹後国風土記』の逸文にも浦嶋子の物語がある。また、『万葉集』にも「水江浦嶋子を詠む一首。短歌をあわせたり」（高橋虫麻呂《むしまろ》）と浦島伝説をテーマにした長歌と反歌があることから、奈良時代には物語として完成していたと考えられる。

だが、この逸文には亀を助けるシーンも竜宮城も登場しない。それどころか、亀姫が嶋子を不老不死の国へ誘い、悦楽の日々を送るという官能的な話になっている。

この変化は室町時代に『御伽草子《おとぎぞうし》』として再編集された際、仏教思想の影響を受け、動物による善良な人間への〝報恩《ほうおん》〟というテーマが教訓的に付け加えられたためといわれる。なお、「浦嶋子」が「浦島太郎」に変わるのは『御伽草子』からである。

浦島伝説に影響を与えたもう一つの神話

実は浦島伝説に大きな影響を与えた神話があった。記紀にもある「海幸彦山幸彦《うみさちひこやまさちひこ》」である。『古事記』

昔話・浦島太郎のオチ

助けた亀に連れられて竜宮城を訪れた浦島太郎。そこで夢のような日々を送る。そこまでは亀の恩返しがテーマになっている。しかし、地上に戻った浦島太郎が玉手箱を開けると、お爺さんになってしまう。最後のオチで浦島太郎に災難が待つという、テーマが一貫していないのがこの昔話の特徴になっている。

「教育昔話・浦島太郎」国立国会図書館所蔵

によると、次のような話になっている。

天照大神の孫神である邇邇芸《ににぎの》命《みこと》は、葦原中国《あしはらのなかつくに》を統治するために高天原《たかまのはら》から降りて、木花之佐久《このはなのさく》夜毘売《やびめ》を妻とした。姫はひと晩で懐妊し、それを怪しんだ命へ操を立てるために、姫は炎の中で出産する。そうして生まれたのが火《ほ》照命《でりのみこと》（海幸彦）、火遠理命《ほおりのみこと》（山幸彦）、火須勢理命《ほすせりのみこと》である。

ある日、兄の海幸彦から釣り針を借りて海に出た山幸彦は、釣り針を失くしてしまう。海幸彦から釣り針を返すようにいわれ、山幸彦は自分の十拳剣《とつかのつるぎ》を砕いて代わりの針をつくったが海幸彦は許してくれない。困った山幸彦が海で泣いていると、潮の神（塩椎神《しおつちのかみ》）が現れ、山幸彦を海神《わたつみ》の宮へ誘った。そして、海神の娘・豊玉毘売《とよたまひめ》に会うように勧めた。

豊玉毘売は美しい山幸彦をひと目で気に入り、海神も天神《あまつかみ》の子である山幸彦を歓迎した。2人は結婚し3年を過ごしたが、山幸彦は釣り針のことを忘れてはいなかった。相談すると、姫と海神が釣り針を飲み込んだ魚を探してくれたので、山幸彦は一度地上に帰ることにした。

海神は山幸彦に水を支配する「塩盈珠《しおみつたま》」と「塩乾珠《しおふるたま》」を渡し、海幸彦に針を返すときの呪文を教えた。海神の助けによって山幸彦は海幸彦を服従させ、以降、海幸彦の子孫・隼人《はやと》族は芸を持って朝廷に仕えたという。

一方、豊玉毘売は懐妊していた。山幸彦に出産中の姿を見ないようにと頼んだのに、好奇心に駆られた山幸彦はのぞいてしまう。そこには大きなワニ（ワニザメ）が出産の苦しみにのたうっていた。本当の姿を見られた豊玉毘売はそれを恥じ、この世と海神の国の境を塞いだまま海神の国に帰ってしまった。

一見、「浦島伝説」に似ているとは思えないが、話の細部には共通点が見いだせる。なお、この山幸彦と豊玉毘売の孫にあたるのが神武天皇である。「浦島伝説」と神武天皇の関係がここで少し見えてきた。

神武天皇系ではない？ 浦島太郎のモデルとは

「浦島伝説」にまつわる神社は日本各地にあるが、いちばん多いのは風土記に記述のある丹後国（京都）である。ここで注目したいのが、丹後国天橋立の北側・成相山《なりあいさん》の麓に今もある「籠《この》神社」だ。

このあたりは古代・中世にわたって丹波地方の中心であり、近くの遺跡からは縄文・弥生時代の土器や奈良・平安時代の瓦などが多く発掘されている。実際、籠神社の歴史は古く、平安時代に編纂された『延喜式《えんぎしき》』にはすでにその名が確認できる。

籠神社の主祭神は彦火明命《ひこほあかりのみこと》で、彦火火出見尊《ひこほほでみのみこと》の別名とする説がある（彦火明命の子とも）。その存在について触れる前に、神社と浦島伝説の関係を確認しておこう。縁起には次のようにある。

浦島乙姫伝説は、彦火火出見尊が竹で編んだ〝籠船〟に乗って海に出られ、海の彼方の海神の国へ行くところから始まる。昔の日本では「籠」を「コ」と発音し、この籠神社も「籠之大明神」「籠宮」と呼ばれていた。

籠神社を祀る海部《あまべ》氏族の日下部《くさかべ》氏が、この祭神伝承を民話として語り継いだのが浦島乙姫伝説である。つまり、浦嶋子は籠神社の祭神・彦火火出見尊の分身であり、乙姫は海部氏族の女系祖神の象徴なのである。

籠神社の主祭神である彦火火出見尊が浦嶋子のモデルであり、この地から海神の国に向かったことがはっきりと記されている。さらに浦島乙姫伝説は日下部氏の先祖伝承であり、それが全国に広まったというのだ。

神社には「海部氏本系図」が残されており、国宝にも指定されている。それによれば彦火火出見尊は丹波国に降り立ち、「息津《おきつ》鏡」と「辺津《へつ》鏡」を授けたという。注目したいのは、海部氏の祖先は彦火火出見尊を天孫降臨した瓊瓊芸命の〝弟〟としている点である。

つまり、浦島伝説の主人公は、瓊瓊芸命の子である山幸彦でないことになり、さらにはヤマト王権の支配者も神武天皇の系統でなかったことになる。後世の文献で、「彦火火出見尊＝山幸彦」としたり、瓊瓊芸命の「第三子」としたりするのは、この事実を隠すためではないだろうか。

「彦火火出見尊＝浦嶋子」とする伝承は長らく顧みられることがなかったが、昭和62年（1987）に籠神社で2つの鏡が見つかったことから考古学界で注目を浴びることになった。息津鏡は近くの墳墓から出た埋葬品である可能性もあるが、辺津鏡は京都大学名誉教授・樋口隆康氏によって籠神社の伝世品であると鑑定された。

鬼の洗濯板

「海幸彦山幸彦」神話の舞台として伝わる「鬼ノ洗濯板」と呼ばれる不思議な岩が続く宮崎県の日南海岸。山幸彦に敗れた海幸彦がたどり着いた地とされる。
写真提供／みやざき観光コンベンション協会

実際、『日本書紀』にも、彦火火出見尊の支配を思わせる記述がある。

神武天皇の東征のときのことである。天皇が大和の国に着くと、長髄彦《ながすねひこ》が来て「この国は天神の御子・饒速日命《にぎはやひのみこと》が先に降られ、統治しておられます。天神の御子に2種あるはずがありません。なぜ、天神の子と名乗り、人の国を奪おうとするのですか?」と申し上げた。

饒速日命は別名・天火明命、つまり籠神社の主祭神・彦火明命＝彦火火出見尊である（饒速日命とは別の神とする説もあり）。

神武天皇が「天神の子はたくさんいるのだ。饒速日命が本当の御子であるなら証拠をもっているはずだ」というと、長髄彦は饒速日命の天羽羽矢《あめのはばや》1本と天歩靫《あめのかちゆき》を見せた。神武天皇はこれを本物と認め、自分も天羽羽矢1本と天歩靫を見せた。

これを聞いた饒速日命は、神武天皇が正当な君主であることを知り、軍勢を率いて恭順した。神武天皇は先に降った神が忠誠を誓ったことに褒美を取らせた。この饒速日命＝彦火火出見尊の子孫が物部氏である。

宇良《うら》神社（浦嶋神社）

日本最古の浦島伝説が伝わる神社で、浦嶋子を筒川大明神として祀っている（京都府与謝郡伊根町）。乙姫の小袖や玉手箱など、浦島伝説に関係するものが神宝として伝わっている。

写真提供／伊根浦ゆっくり観光の会

伝承に隠されたヤマト王権の侵攻

これらの情報を整理すると、彦火火出見尊は〝海部氏〟と〝物部氏〟の祖であることがわかる。

さらに、彦火火出見尊は邇邇芸命より先に降臨して、丹後地方を治めていたようだ。物部氏の最初の勢力地は生駒山麓の日下であった。これは浦島伝説を語り継いだ日下部氏につながる。彦火火出見尊を祖とする氏族が、ヤマト王権よりも先に丹後に勢力を広げていたことは間違いない。

さらに丹後は古墳地帯としても有名である。銚子山古墳や明神古墳クラスの古墳をつくるだけの力を持ち、天孫降臨伝説をもつ籠神社を祀った海部氏族による王朝があったと考えられるのだ。

浦島伝説は先住民族であった海部氏族によって語り継がれ、地域伝承として全国に伝播していく。『丹後国風土記』では、自分たちの先祖である日下部氏の始祖伝承として詳細に記された。だが、国の正式の歴史書である『日本書紀』では、丹後の民間伝承として数行触れているに過ぎない。

こうしてみると、海幸彦の山幸彦への服従という記述の裏にも、ヤマト王権の隼人王朝への侵攻という歴史が隠されていると想像できる。

唯一神話にルーツを持つ昔話「浦島伝説」。そこにはヤマト王権に滅ぼされた氏族の悲しい歴史が秘められていたのである。

ヤマトタケルらに斃《たお》された一族

大和朝廷に制圧されたマツロワヌ人々の悲惨な末路

勝者が残した歴史書は、真実を語っているとは限らない。神話や伝承に登場する妖怪や蛮族と表現される未開の民。彼らの真の姿とはいかなるものか!?

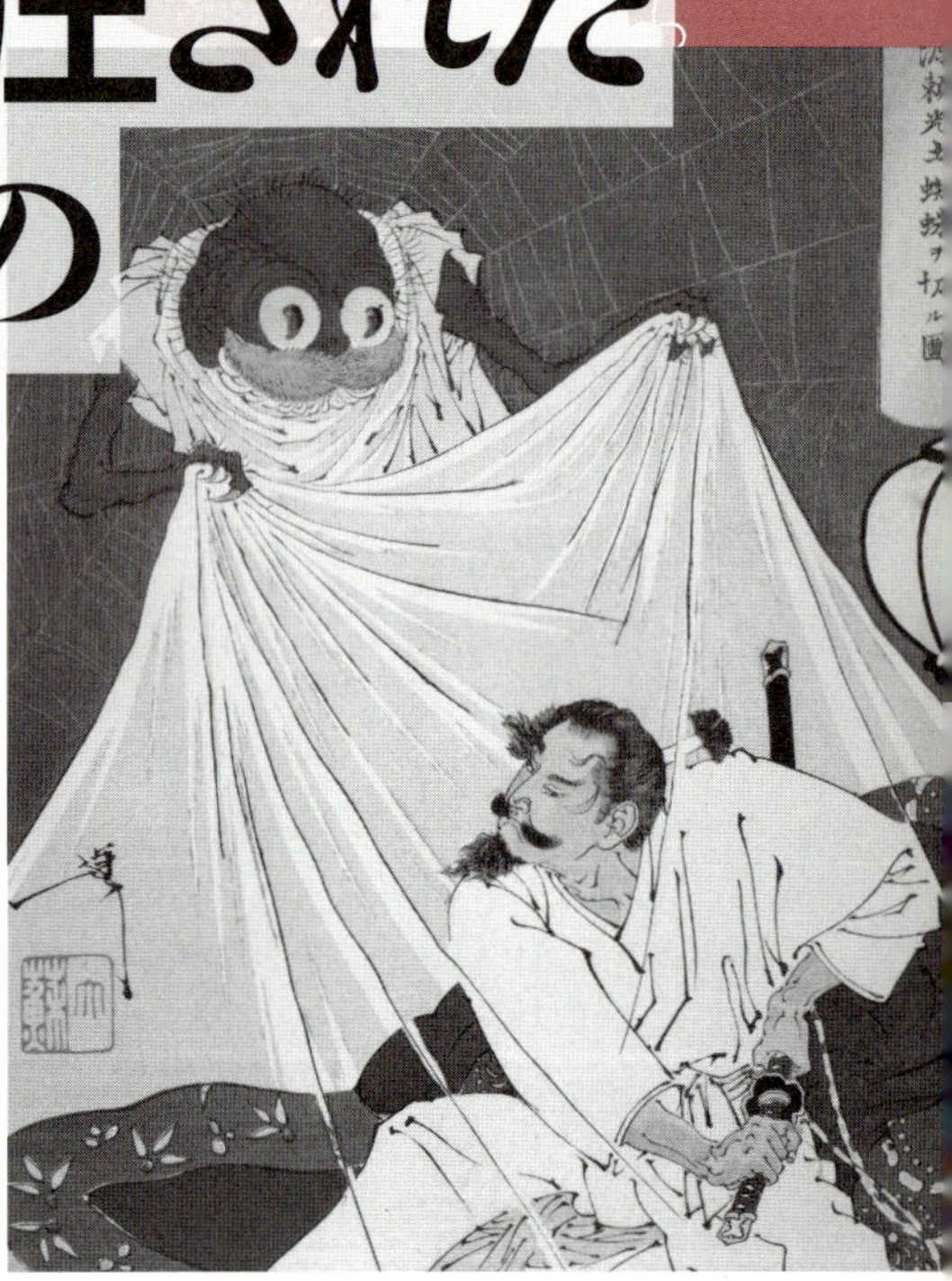

「新形三十六怪撰・源頼光土蜘蛛ヲ切ル図」
国立国会図書館所蔵

ヤマトタケルを苦しめた勇猛なる辺境の民とは？

『古事記』『日本書紀』が示すのは大和朝廷（ヤマト王権）が残した勝者の歴史である。

神話時代を経てそのはじまりには、神武天皇の東征や景行天皇の命を受けて西国の熊襲《くまそ》征伐を行うヤマトタケル（倭建命・日本武尊）の姿が描かれており、朝廷が全国を統制していく過程を読むことができる。

しかし、初期の大和朝廷は中央集権と呼べるほど強大な権力を持っておらず、東北や関東、九州にはまだ強大な豪族が勢力を張っていた。朝廷は〝辺境〟に住む、中央にまつろわぬ者を異民族として討伐の対象にした。その最たるものが「蝦夷《えみし》」であり、「土蜘蛛《つちぐも》」であり、「隼人《はやと》」である。辺境とは、大和朝廷サイドからの一方的な視点で、自ら名乗ったわけではない。

「蝦夷」は「毛人」とも書かれ、東の夷の国に住む民をいう。これをアイヌ民族とする説もあるが、現在では特定の民族を指す言葉ではないと考えられている。

彼らは冬は穴の中に住み、飛ぶ鳥のように山を登り、獣のようにすばやく草地を走り、王に従わない強力な民だった。

西征を終えたヤマトタケルは、父王の命令ですぐにこの蝦夷征伐のため東国へ向かう。それは軍兵も与えられない過酷な戦さだった。海峡の神が波を起こして行く手を阻むと、妻である弟橘媛《おとたちばなひめ》が身を挺《てい》して神をなだめた。

妻の死を嘆きながらもヤマトタケルの東征は続く。彼は東国の神や人を平定し、やがて命も落とすのだが、ここで蝦夷が荒ぶる神と同列に扱われているのは、中央からみて蝦夷がいかに畏怖すべき存在であったかの証明といえよう。

また、「蝦夷」は「竪穴住居に住み、五穀を持たず肉を食し、矢や刀で人を襲う」と、いかにも辺境に住む未開の民のように描かれているが、実際は東北地方から弥生時代前期の水田跡が発見されている。つまりすでに稲作を行っていた民を、朝廷への反逆者として印象付けるために野蛮な狩猟民と偽った可能性もある。

「土蜘蛛」も神武東征説話で討伐の対象とされた異民族で、その姿は「尾があり」「体が短く手足が長い」とされる。彼らは穴居し、果実やカエルを食料とする地に潜む邪悪な者として描かれている。『常陸《ひたち》国風土記』には国巣《くず》の人々のことを「ツチグモ」「ヤツカハギ」と呼ぶと記されている。「ヤツカハギ」とは「長い脛」という意味で、土蜘蛛の特徴と一致する。ここでも彼らは大和朝廷に逆らう集団として扱われている。

隼人族の祖・海幸彦と天皇の祖・山幸彦の対決

九州でもっとも激しく朝廷に抵抗したのが隼人であった。ちなみにヤマトタケルが西征の際に戦った熊襲は、この隼人と系統が同じと考えられているが、〝熊襲〟の名は神話にしか登場しない。

隼人族の祖先は火照命とされている。海幸彦のことである。

山幸彦海幸彦神話では、海幸彦は弟の山幸彦に敗れ、服従を誓う。そして、戦いの際に溺れたことから、その姿を演じる芸人として仕えたという。

『日本書紀』によると、隼人舞はふんどしをつけ、手のひらを赤く塗り、徐々に水に沈みながら苦しむ様子を真似たものだという。これは隼人族の服従を意味したものであろう。

この舞は大嘗祭《だいじょうさい》（天皇の即位後、最初の新嘗祭《しんじょうさい》）でも演じられる。海幸彦と山幸彦が兄弟とされているのは、大和朝廷と隼人の問題がいかに大きかったかを示している。南九州で勢力を広げていた隼人族は勇猛果敢で、最後まで朝廷を悩ませた民であった。

隼人族の反乱を鎮めた宇佐八幡神

大分県の宇佐八幡宮《うさはちまんぐう》（宇佐神宮）には、奈良時代に起こった隼人との戦いが起源となっている「放生会《ほうじょうえ》」という行事がある。放生会とは本来は不殺生の思想に基づき、捕らえられた鳥や魚などを山野や池沼に放ち返してやる仏教の儀式をいう。

養老4年（720）、大隅《おおすみ》と日向《ひゅうが》の隼人族が反乱を起こし、大隅国守を殺害した。討伐軍の大将には、万葉歌人としても知られる大伴旅人が任じられた。

朝廷が戦勝祈願をしたところ、宇佐八幡神は僧侶を引き連れ、自ら出陣するという託宣を下した。

そして、宇佐八幡神を乗せた神輿は南に下った。僧たちは竜頭の船を出し、陸には狛犬を、空には水鳥を飛ばして隼人を圧倒した。

その力に驚いた隼人たちは7つの城に籠城する。間もなく5つの城は陥落したが、石城と比売之城は最後まで抵抗した。すると千手観音の随神が現れ、細男舞《くわしおのまい》を舞ってみせた。神が帰ると、隼人たちは蟹、蜷《にな》（巻き貝）、蛤《はまぐり》に姿を変えられていたという。

この反乱で死傷した隼人族は1400人ともいわれ、鹿児島県には彼らの墓である「隼人塚」が祀られている。また、宇佐八幡宮の近くにも、隼人100体の首を埋めた「凶士塚」がある。

隼人の怨霊は国中に病気をもたらしたため、怒りを鎮めるために境外末社「百体社」がつくられた。そして、神亀《じんき》元年（724）、放生会の神託が下され、天平16年（744）には和間《わま》の浜で鎮魂の儀式が行われた。海まで神輿を進め、細男舞を奉納し、隼人たちの生まれ変わりである蜷を海に放ち、隼人族の霊を鎮めたのである。

「隼人塚」 写真提供／フォトライブラリー

北陸出身の天皇が擁立された背景とは

天皇家の血脈は継体天皇で途切れていた?

もともと古代天皇の存在には謎が多い。そんななかでも、第26代継体天皇は出自からして不明な点が多い。北陸から招かれたというのは、本当は簒奪だったのか。継体天皇即位の謎に迫る。

「継体天皇像」
写真提供／足羽神社

謎が多い継体天皇の出自 応神六世の正体とは?

「風を望んで北方より立った豪族の一人」。直木孝次郎は第26代継《けい》体《たい》天皇をそう評している（『日本古代国家の構造』）。謎の王・継体。この王の背景を怪しみ、混乱に乗じて王位を簒奪《さんだつ》した者とみる声は、昔から根強いものがある。

ヤマト王権の河内《かわち》王朝（王統）は、少なくとも第21代雄略《ゆうりゃく》天皇の頃には畿内（大和《やまと》・山城《やましろ》・河内・摂津）の連合政権のなかで抜きんでた地位を確立したとみられる。しかし、第25代武烈《ぶれつ》天皇に子がなかったので、武烈の死で『古事記』は「日続（皇位継承）知らすべき王無かりき」、『日本書紀』は「絶えて継嗣なし」と、揃って河内王朝の断絶を述べている。

そこで擁立されたのが、応神天皇五世の子孫（つまり応神六世）というオホドこと継体であった。『古事記』では継体が迎えられた地は近江《おうみ》。『日本書紀』では、三《み》国《くに》（福井県坂井市三国町か）にて再三要請を受けたが固辞し、説得された末、河内樟葉宮《くずはのみや》（大阪府枚方市）で即位したとあり、即位年は507年と考えられている。

問題になっているのは、記紀のいずれも応神～継体天皇の系譜の全貌が明示されていないことだ。『古事記』では応神四世と五世、『日本書紀』では応神三世と四世の名が欠けており、二書合わせても応神四世、つまり継体の祖父の名がわからない。継体の出自が怪しまれる根拠の一つがこれだ。

この難問を補足する史料とされるのが、『上宮記《じょうぐうき》』という史書だ。同書は聖徳太子の伝記とみられ、7世紀頃の成立と考えられ、8世紀成立の記紀より古い。ただし中世に散逸して現存しないため、現在では『釈日本紀《しゃくにほんぎ》』などの引用記事でしか見ることができない。

『釈日本紀』には『上宮記』にある継体の完全版の系譜記事がある。各世で名の違いはあるが、『古事記』の若野毛二俣王《わかぬけふたまたのみこ》の系譜に

今城塚古墳
大阪府高槻市にある墳長約181mの前方後円墳で、継体天皇の陵墓の有力候補となっている。
写真提供/フォトライブラリー

沿い、問題の応神四世については「乎非王《おいのみこ》」と明示されている。

だが、この記事にも穴がある。肝心の応神に該当する「凡牟都和希王」は「ホムツワケ」としか読めず、応神の名である「ホムタワケ」とは異なり、別人の可能性があるのだ。なお、『日本書紀』に垂仁《すいにん》の皇子で同名の誉津《ほむつ》別命《わけのみこと》という人物があり、継体の祖はむしろこちらかもしれない。

ただし、いずれの王家の血を引いていたとしても、当時こうした六世クラスの皇族の子孫は、相当の人数だったことは確かだ。

なお継体は即位後各地を遍歴し、大和入りまで20年かかっているが、「大和の臣姓グループの勢力によるオホド大王の大和入りへの抵抗があったと思われる」(上田正昭『私の日本古代史』)との見方もある。

継体天皇の大和入りが二朝並列時代を招いた?

継体の大和入り後、ある重大事件が勃発した。筑紫君《つくしのきみ》(筑紫の地方官)・磐井《いわい》による反乱で、527年のこととされる。

磐井はこの時代では珍しく墓が特定できる人物で、北九州最大の前方後円墳・岩戸山古墳(全長138メートル)がそれだ。この古墳は生前から造営されたもので、被葬はされていない。だが人や馬を模した膨大な数の石人石馬《せきじんせきば》(石造彫刻)が発掘されるなど、磐井が相当の実力者だったことがうかがえる。

磐井の乱は、『日本書紀』では1年半に及ぶ大内乱と鎮圧を伝えるが、『古事記』では磐井が殺されたとあっさり伝えるのみで、詳細ははっきりしない。

従来の通説ではヤマト王権の朝鮮出兵の負担に耐えかねた地方豪族の反乱とされたが、近年は北部九州勢力の独立戦争だったとする声が強い。いずれにしても、火種が朝鮮の経営にあったことは確かとみられる。

『日本書紀』はまた、継体の死去の記事でも、百済《くだら》の記録という形できな臭い記述をしている。それは「継体と継体の太子、皇子がともに薨去した」という衝撃的な内容で、クーデターを想起させる。

『日本書紀』は、この百済の記録により継体天皇の死を継体天皇25年の辛亥年(531)としているが、次の安閑《あんかん》天皇の即位元年を甲寅年(534)としている。2年以上、空白期間があるのだ。また、欽明《きんめい》天皇の治世を安閑・宣化《せんか》天皇の治世を含む41年とする記録(『上宮聖徳法王帝説』『日本書紀』は32年)もある。

こうした謎に対し、喜田貞吉に始まる「継体・欽明朝の内乱」説がある。安閑・宣化朝と欽明朝との二朝対立があり、長期間の内乱があったとするものである。

記紀では、継体没後はその子である安閑・宣化・欽明が年齢順に王位についたとされているが、この説によれば、継体が重大事変で没し、欽明が即位したが、これを認めない安閑、続いて宣化が即位して両朝が並立。宣化の死の539年に欽明の統一王朝が確立したとされる。

二朝対立を直接的に示す根拠はないが、一定の支持を得ている説ではある。

ありがたい仏教の教えか、呪いを込めた歌か!?

作者不明の「いろは歌」は呪いの歌だった

いろは歌に込められた不吉な影。この歌には不幸な死を遂げた人物の恨みが込められているのか？　作者をめぐる千年にわたる論争をひもとく！

「絵本以呂波歌」
国立国会図書館所蔵

いろは歌の作者と成立時期の謎

「いろは歌」とは音の異なる清音の仮名47文字を、一文字も重複させずに読み込んだ手習歌の一つである。一般には涅槃経《ねはんきょう》にある「諸行無常　是生滅法　生滅滅已　寂滅為楽」の教えを和訳した、仏教の教えを説く歌といわれている。

いろはにほへとちりぬるを（香りよく咲き誇る花も散ってしまう）
わかよたれそつねならむ（この世に永遠のものなどありはしない）
うゐのおくやまけふこえて（迷い多く悲しい奥山を越えて行こう）
あさきゆめみしゑひもせす（人生の儚い栄華に酔わないように）

この歌がいつ、誰によってつくられたかはわかっていない。伝承によると、作者は空海であるという。この説は大江匡房《まさふさ》による『江《ごう》談抄《だんしょう》』にも見られ、平安後期にはすでに膾炙《かいしゃ》していたらしい。

空海説が広まった理由は、歌人としても有名で、留学先の唐で絶賛された空海ほどの才覚があれば、仮名を重複せずに全部使い、さらに仏教観を歌にすることもできたであろうという曖昧なものだ。当然、現在この説はほぼ否定され、国語学的な見地から歌の成立は平安中期頃とされている。

折句になった暗号、いろは歌は不吉？

和歌であれば五七五のリズムで区切るところだが、「いろは歌」は今様の形式で詠まれている。なお、日本最古の「いろは歌」は『金光明最勝王経音義《こんこうみょうさいしょうおうきょうおんぎ》』（承暦《じょうりゃく》3年・1079）という仏教の解説書の冒頭に記されているが、そこでは「いろは歌」は7音で区切られている。

いろはにほへと
ちりぬるをわか
よたれそつねな
らむうゐのおく

やまけふこえて
あさきゆめみし
ゑひもせす

この下の文字だけを読むと「とかなくてしす（咎なくて死す）」、つまり「罪がないまま死ぬ」となるのである。

このことは昔から知られていて、江戸時代の国語辞書『和《わ》訓《くんの》栞《しおり》』（安永6～明治20年・1777～1887）の大綱にも記されている。学者たちは「単なる偶然」と片付けたが、それにしてはあまりにもでき過ぎている。

国学者の黒川春村《はるむら》は『碩《せき》鼠《そ》漫《まん》筆《ぴつ》』（安政6年・1859）で「諸行無常を詠み、手習いとしても広まっているいろは歌に、忌まわしい言葉が含まれているのはよくないことだ」と嘆き、儒学者の貝原《かいばら》益軒《えきけん》も子供の手習いには「あいうえお」を勧め、「いろは歌」を「益なき」と切り捨てている。

深く立ち入ろうとはしないが、学者たちも「いろは歌」に不吉なものを感じていたのだろう。

恨みを呑んで死んだ歌人の手によるものか？

だが、この暗号のような言葉は、多くの人の好奇心をかき立てた。そして、作者を見つけようとさまざまな説を打ち立てたのである。

強大な権力によって、罪なくして殺されたであろう歌人、もしくは才能に溢れ、秀でた芸をもった貴人などという説がある。

例えば、小野篁《おののたかむら》。彼は空海と同時期の学者詩人であり、天皇からの期待も大きい高級官僚だった。だが、直情型の彼は藤原氏の横暴に腹を立て、職務拒否のうえに朝廷を批判する詩を書いて流刑にされた。

篁には不思議な伝説が多く、昼は朝廷で官吏を、夜は地獄で閻魔《えんま》大王の補佐をしていたという。天才でありながら、権力を恐れずに対峙した彼は後世の人気が高い。しかし、篁はのちに朝廷に呼び戻され、官吏として復位していることから、呪詛の歌をつくるほど冷遇されたとはいえない。

または菅原道真《すがわらのみちざね》。彼も詩人として名高く、学者としては異例の出世を遂げて右大臣の地位にまで上り詰めた。しかし、優秀すぎたために藤原時平《ときひら》に妬まれ、讒言《ざんげん》により大宰府に流される。絶望と憤怒の中で死んだ道真は雷神となって都に祟ったとされるが、九州への左遷を「咎なくて死す」と表現するものだろうか。間接的に殺されたとはいえるかもしれないが。

実は他にも聖徳太子説、橘逸勢《はやなり》説、醍醐天皇の皇子・兼明《かねあきら》親王説などの奇説もある。これらの人々に共通するのは不遇であったり伝説的であったり、どこか判官贔屓《ほうがんびいき》めいた気持ちをそそられる点であろう。

一説によると、柿本人麻呂が作者だともいわれる。

彼は「歌聖」と称され、万葉の頃の宮廷歌人として朝廷に仕えた。『古今和歌集』（延喜5年・905）の真名序には五位以上、仮名序には正三位であったと推測される表記があり、高級官僚であったらしい。

だが、彼について史書には記載がなく、その死は刑死であったのではないかといわれている。定説とされる時代よりさかのぼるが、この説を支持する人も多い。

今なお謎に満ちた「いろは歌」。これらの伝説は「いろは歌」の完成度が高すぎるゆえに生まれたものといえよう。後の人々は、歴史の陰に埋もれ、罪なくして死んでいった無数の怨念をこの歌に見たのである。

「月百姿・菅原道真」国立国会図書館所蔵

無理があった金印偽造説

古代史を塗りかえた「漢委奴國王」の金印は捏造か？

1784年の発見当初から贋作説がつきまとう金印「漢委奴國王」。近年、再び偽造説が取りざたされるが、そこには決定的な証拠が欠けていた!?

「国宝金印 漢委奴国王」
福岡市博物館所蔵

福岡藩は2つの藩校に鑑定を依頼

「漢委奴國王」の金印が発見されたのは天明4年（１７８４）２月23日。博多湾に浮かぶ志賀島《しかのしま》の一角だった。甚兵衛という農民が田んぼの水はけが悪いので、溝を直そうとして崖を削っていたら、石の間にキラリと光るものがあった。手にとって水ですすぐと、金の印判のようなものが現れた。

甚兵衛の兄が以前、奉公していた商家に見せたところ、「大切な品である」と太鼓判。甚兵衛は大事に保管していたが、噂が広まったのか、庄屋から役所に差し出すよう言われ、金印は郡奉行を経て福岡藩の手に渡った。

１７８４年は福岡藩にとっても記念すべき年だった。２つの藩校を同時に開設したのだ。一校は城の東につくられた修猷館《しゅうゆうかん》（校名は現在も福岡県立修猷館高校に残る）、もう一校は城の西につくられた甘棠館《かんとうかん》。藩は開校したばかりの両校に金印の鑑定を依頼した。

甘棠館の館長、儒学者の亀《かめ》井《い》南《なん》冥《めい》は中国の史書にも造詣が深く、鑑定を依頼されると『後漢書』と『三国志』の「倭王が金印を授与された」との記述に注目した。「唐土（中国）の書に本朝を倭奴国《わのなのこく》と書いているものがある。委の字は倭の字を略したものだろう」との鑑定書を藩に提出し、抜群の洞察力を示した。

修猷館が出した鑑定が奇説に近かったことに比べると、見事に本質をつかまえている。のちに南冥が著した『金印弁』にも「漢の光《こう》武帝《ぶてい》から授与されたものがいちばん近い」とあり、それ以降、南冥の説が金印が論じられる際のベースとなった。福岡藩は発見者である甚兵衛に報奨金として白銀5枚を与えた。

倭奴国王は鋭敏な国際感覚の持ち主

『後漢書』倭伝には、「建武中元2年（西暦57年）、倭奴国、貢を奉じて朝貢す。使人は自ら大夫と称した。倭国の極南界である。光武は印綬を賜うた」とある。

光武とは後漢を建国した光武帝のこと。やっと国内を統一したものの、海外から正式な王朝として認められるかどうかはわからない。そんな不安定な時期に、まっさきに東夷の一国が駆けつけてきたのだ。喜んだ光武帝は、金印をプレゼントして心からの謝意を表したと思われる。

絶妙なタイミングでの朝貢。倭奴国王の名前は残っていないが、鋭敏な国際感覚を持ったリーダーだったことがわかる。

南冥は、この記事から発見された金印が光武帝が倭奴国に与えたものと推測した（委は倭のにんべんを省略したと判断）。倭奴とは北方の匈奴《きょうど》に対する言葉で、「匈」が「たけだけしい、さわがしい」などを意味するのに対し、「委」は「したがう、すなお、おだやか」などを意味する。金印を授与されたということは、倭奴国が東夷の中心国家であることが認められたということである（中心国家でない場合や配下の武将の場合は、通常銀印、銅印が送られる）。

贋作説をくつがえした証拠とは？

ただし、志賀島の金印については発見された当初から「贋作説」がつきまとっていた。1954年に国宝の指定を受けた際も真贋論争があったほどだ。贋作と疑う論者は「漢代の印章の規格に合わない」などと主張したが、決定的な証拠を示せなかったため、真贋論争は下火になっていく。

論争に終止符を打ったのは1956年に中国・雲南省で発見された「滇王《てんおう》之印」だ。前漢が夷蛮である滇国の王に与えたもので、「漢委奴國王」の金印と同じように蛇紐（手に持つところ）がついていたことから、贋作説は消えた。

ところが、2006年、『金印偽造事件「漢委奴國王」のまぼろし』（三浦佑之、幻冬舎新書）と題する注目すべき一冊が出版された。実証的なやり方で、偽造の真犯人を立証していく過程はなかなかスリリングで、ベストセラーになった『ダ・ヴィンチ・コード』を思わせるところがある。三浦氏が突き止めた真犯人は、なんと亀井南冥その人だ。開校したばかりの甘棠館を権威づけるために金印を贋作したというのだ。

事実だとすれば、古代史を一変させかねない話だが、実は贋作説には決定的な弱みがある。それは金印に「委」の文字が採用されていることだ。

贋作する以上、本物以上に本物らしく見せなければいけないが、後漢書（そののちの史書にも）には明確に「倭奴國」と書かれている。贋作者が後漢書を見ていないとは考えられない。贋作するとしたら「倭」を使ったはずだ。なにを好きこのんで「委」の字を使う必要があるだろうか。

しかも、7世紀、聖徳太子が書いたとの説もある『法華経義疏《ぎしょ》』には「大委国上宮王」とのサインがある。上宮王は、どこかで「委」の文字が使われている例を見たわけだ。

ただし、中国の史書に倭国、倭人が登場する場合、必ず「倭」の文字が使われている。1世紀と7世紀、その間は600年あるが、金印もしくは金印の印影にある「委奴國」が「倭国」であることを知らなければ、上宮王は「大委國」と書けなかっただろう。

金印が見つかったのは博多湾の北部に位置する志賀島。委奴国、すなわち倭国がどこにあったのかを明確に証明している。

初代・神武天皇はいなかった?

神武天皇と崇神天皇は同一人物か?

そもそも、神武天皇に限らず、古代の天皇のほとんどが実在を証明されていない。天皇陵のほとんども、江戸時代以降に定められたものが多い。そんななかで、実在した最初の天皇として注目されるのが第10代崇神だ。神武天皇と同一視される理由を検証していこう。

「神武天皇御東征」
野田九浦画、
神宮徴古館所蔵

神武天皇の業績はどこまでが本当か?

戦後の古代史研究に大きな衝撃を与えたのが「王朝交替論」という学説である。古墳時代にはいくどか皇統の断絶があり、血統の異なる複数の王朝が創始されたという考えだ。

もっとも有名なのが、水野祐氏が唱えた「三王朝交替説」だ。三王朝とは、①第10代崇神《すじん》天皇に始まる、三輪山麓《みわさんろく》を本拠とする「三輪王朝」、②第16代仁徳《にんとく》天皇に始まる、河内一帯を本拠とする「河内王朝」、そして③第26代継体《けいたい》天皇に始まる「継体王朝」を指す。現代まで続くのはこの継体からの皇統となる。

崇神まで、すなわち初代神武から欠史八代の天皇は存在しなかったことになる。もちろん王朝交替論の中にもさまざまな説はあるのだが、現代の歴史学・考古学では、神武ら神話にしか根拠がなく、異常に長寿な初期天皇の実在を認める学者はほとんどいない。

ただ、神武天皇にまつわる神話がすべてつくり話かといえば、そうとも限らない。そこには、いくばくかの史実も反映されているのではないか。神武東征は、ひと口に言って苦難の物語である。

「東へ行けば天下を平安に治められる」と考えた神武と兄は日向を発ち、瀬戸内海を航行。だが難波で豪族・ナガスネヒコに攻撃されて兄を喪い、迂回して熊野へ。熊野でも邪神に苦しめられたが、アマテラス、タカミムスヒの助けを得て回復。ヤタガラスの導きで大和に進み、ナガスネヒコら賊を征伐することに成功。橿原《かしはら》に宮を築いて即位する。これが『古事記』の神武東征の神話だ。

　苦難が大きければ大きいほど、英雄の価値、事績の価値は高まる。神武東征が史実かどうかはともかく、建国という大事業にふさわしい物語であることは確かであり、記紀編者には魅力的な物語だったといえる。

　一方、邪馬台国《やまたいこく》北九州説と、邪馬台国=高天原、卑弥呼=アマテラス説を唱える安本美典も神武の実在を否定していない。邪馬台国は280〜290年前後に東遷し、「邪馬台国の東遷を伝えるものが、神武東征伝承であると考えられる」（『大和朝廷の起源』）という説だ。こちらも興味深い推論といえよう。

実際の初代天皇は第10代崇神天皇だった？

　神武の存在が基本的に否定され、崇神がヤマト王権の初代の王とされる理由はいろいろある。例えば『日本書紀』で、神武は52歳で即位したが、その後127歳まで生きたのに、その間の事績がまったく記されていない。これは欠史八代も同様だ。

　一方、崇神は120歳で死去するまで、課役を課した、朝貢した、祭祀の変更をしたなど、年齢に問題があるとしても、比較的現実味のある事績がびっしりと記されている。

　最大の注目ポイントは「この国を初めて統治した天皇」を意味する「はつくにしらすすめらみこと」という名前である。『日本書紀』で神武は「始馭天下之天皇」、崇神は「御肇国天皇」と記され、読みは同じだ。初代の王が2人いるのは奇妙な話だ。

　このことから崇神と神武を同一人物とする説もある。ただし、記紀の両者の物語にまったく共通性がないところが問題だろう。なお『古事記』では崇神のみが「初国知らしし御真木天皇」と表わされている。どことなく崇神以前・以後に明確な線引きが感じられるところである。

　また、神武の「天下」と崇神の「国」という表記の違いも注目される。

　吉村武彦は「天下」の観念が「国」より空間的な広がりがあるのに、神武→崇神の順番が時間的に逆転していることを問題視し、〝神武の虚構性と、崇神がはじめて「国を支配した」という意味がこめられているのではなかろうか〟（『古代天皇の誕生』）と指摘している。

　なお、神武にはカムヤマトイワレヒコ、ワカミケヌ、ヒコホホデミなど多くの別称がある。そこで注目されるのは、それぞれ別人の物語が重ね合わされたのが神武では、という松前健の説だ。

　イワレヒコとは磐余（奈良県桜井市の南西）彦、つまり磐余の首長を意味する語、ミケヌは熊野に関係深い語、ヒコホホデミは神武の子の山幸彦と同名だが、こちらは南九州ゆかりの英雄の名、というもの。

　神武という集約された存在は確かに虚構といえるが、伝承の破片には何らかの事実の裏づけがあるのかもしれない。邪馬台国の人物なのか。磐余の首長や熊野、南九州の人物なのか、ひとりに特定することはできないにせよ、である。

　三輪山麓に広がる纒向《まきむく》遺跡、大和・柳本《やなぎもと》古墳群、行燈山《あんどんやま》古墳などを見ると、改めて三輪王朝の勢力の大きさがうかがえる。

　特に纒向遺跡は三輪王朝の「首都」だった可能性もあるが、現状ではわからないことが多すぎる。行燈山古墳は崇神天皇陵とされているが、肯定する見方は少ない。纒向古墳群にある箸墓《はしはか》古墳は卑弥呼の墓などともいわれるが、その被葬者が確定すれば、いろいろなことが鮮明になりそうだ。

妬みがまねいた天皇家の策略

大津皇子の謀反は持統天皇が捏造したシナリオだった？

陰謀にはめられ自頸してヤマトの聖地・二上山に埋葬された悲劇の皇子は、死んだのち悪竜となって毒を吐き、皇太子であった次の天皇・草壁皇子を祟り殺した。

近江大津宮

近江大津宮は、中大兄皇子（天智天皇）が白村江の敗戦後に飛鳥から遷した都。写真は大津宮の復元模型で、中心部の正殿を回廊が取り囲んでいる。大津京の場所は長らく不明だったが、昭和49年（1974）の調査で、大津市内錦織《にしこおり》から大津宮建物跡と推定される遺構が見つかった。

「大津宮中枢部建物復元模型・正面」
大津市歴史博物館所蔵

王妃であった母を亡くし皇太子の座を奪われる

〈百伝《ももづた》ふ　磐余《いわれ》の池に　鳴く鴨を
　今日のみ見てや　雲隠りなむ〉

　これは朱鳥《しゅちょう》元年（686）10月3日、大津皇子が反逆罪の罪を得て自頸《じけい》を強いられる直前に詠んだとされる『万葉集』に収められた辞世の歌である。

　磐余の池で鳴く鴨を見ることも今日をかぎりとして、私は死んでいくのであろうか、という意味だ。磐余の池とは、奈良県桜井市吉備にある吉備池と呼ばれる灌漑用の池で、春日神社の脇に位置するかなり大きなため池である。

　大津皇子は、天武天皇の第3皇子で、母は天智天皇の娘・大田皇女。天智天皇の孫にあたり、誕生のときから天智天皇の寵愛を受けて育った。大津皇子には、母・大田皇女の実の妹である鵜野《うの》皇女（のちの持統天皇）と天武天皇の間に生まれた腹違いの兄・草壁《くさかべ》皇子がいた。

　大津皇子が誕生する2年前、斉明7年（661）、時の斉明天皇は唐や新羅《しらぎ》に攻め込まれていた百済《くだら》の救済のため、朝鮮半島に兵を出すことを決意し、中大兄皇子（のちの天智天皇）と大海人《おおあま》皇子（のちの天武天皇）らを伴い、九州北部に向け難波を出る。そして、船で瀬戸内海を抜け、那大津《なのおおつ》（現在の福岡県博多港）に到着し、磐《いわ》瀬行宮《せのかりみや》（福岡市）に入った。

　しかし、出兵の前に斉明天皇はこの那大津で病死してしまう。中大兄皇子は、斉明天皇の殯《もがり》のためにいったん飛鳥に戻るが、即位式も行わないまますぐに九州へ引き返し、朝鮮へと出兵した。

　大津皇子は天智2年（663）に那大津（博多港）で誕生したといわれる。生まれた場所から名前を取り大津と命名されたのだ。大津皇子が誕生した年、朝鮮半島での激しい戦で倭軍も敗退する。これが白村江《はくすきのえ》の戦いである。中大兄皇子はすぐさま都に戻り国防を強化して、飛鳥から大津に都を遷し、

天智7年（668）1月、ようやく天智天皇として即位する。

だが、天智天皇崩御の後、天武元年（672）、大海人皇子は天智の息子であり後継者である大友皇子に対して戦を挑む。

当時、天皇に有力な弟がいた場合、子供よりも弟を優先して即位させるのが慣習であった。これが壬申《じんしん》の乱のきっかけで、大津皇子10歳のときの出来事だった。壬申の乱は大海人皇子軍が勝利し、大海人皇子は天武天皇として即位する。大津皇子は幼い頃から血縁者たちの骨肉の争いを間近に見て育ったのだった。

『懐風藻』によると、大津皇子は身体容貌ともにすぐれ、幼少時は学問を好み、博識で詩文を得意とし、長ずるにおよび武を好み剣に秀でたという。

次期天皇を約束された皇太子であった大津皇子であるが、天武天皇の王妃であった母・大田皇女を5歳のときに亡くし、王妃の座が腹違いの兄・草壁皇子の母である鵜野皇女に移ったことでその地位を失ってしまう。

すなわち、大田皇女の死後に皇太子の座に就いたのは新たな王妃となった後の持統天皇・鵜野皇女の子である草壁皇子だった。だが、草壁皇子は病弱で性格もおとなしく内気で大津皇子と比較するとどうしても見劣りしたという。

謀反そのものが架空の出来事だった？

事件に話を戻そう。天武天皇が亡くなったのは朱鳥元年（686）9月9日。そして大津皇子の謀反が発覚したのが同年10月2日だ。

天武天皇が崩御してひと月も経たない時期に謀反を起こし捕らえられ、なんとその翌日に訳語田《おさだ》の私邸で刑が執行された。冒頭に紹介した辞世の歌を詠み、大津皇子は自頸する。24歳だった。

不思議なことに、国家反逆罪といえる大きな事件が起きたにもかかわらず、事件の詳細が記された書物は残されていない。それどこ

天武天皇が鸕野皇女の病の治癒を願って建立したと伝わる薬師寺。
写真提供／フォトライブラリー

大津皇子を取り巻く関係

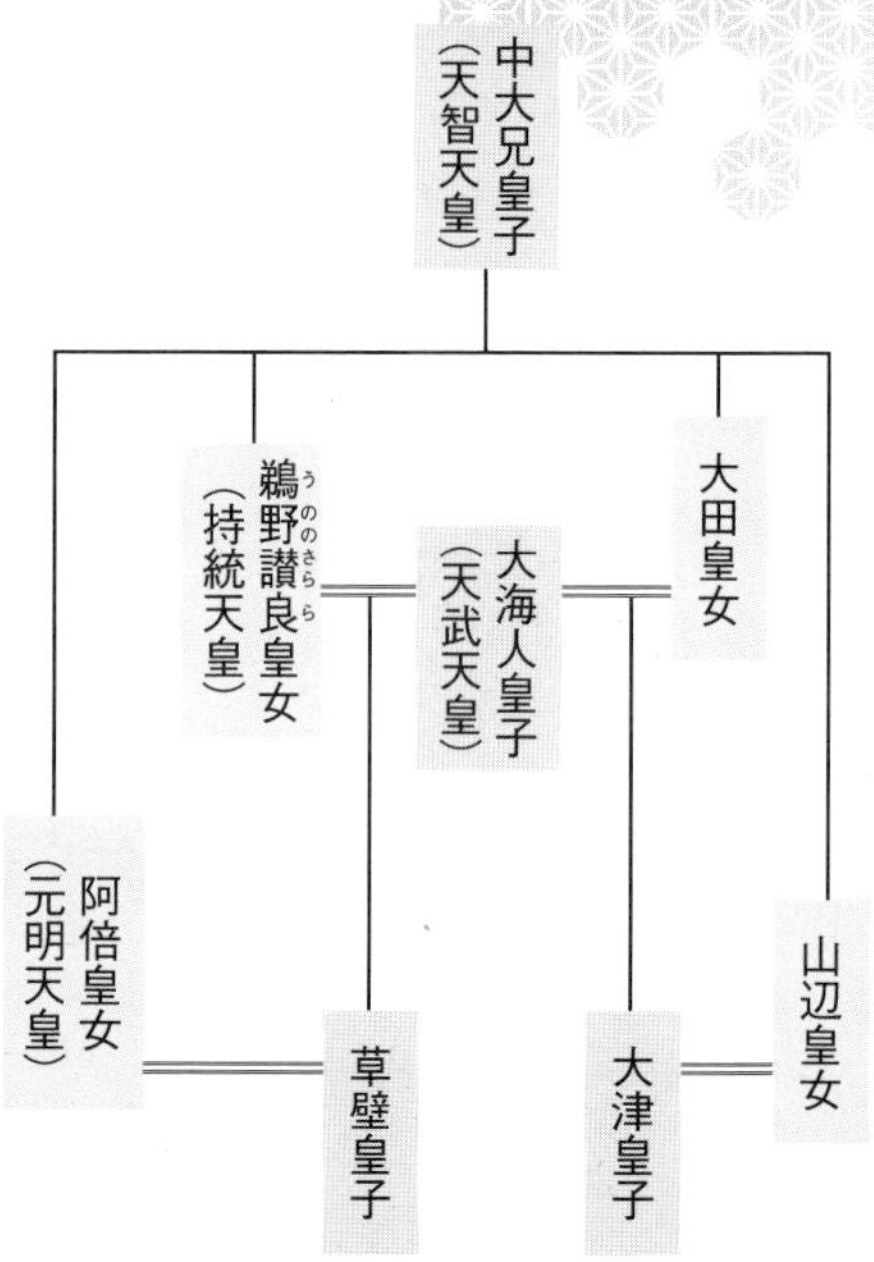

ろか『日本書紀』には、大津皇子の妃である山辺《やまのべ》皇女が髪を振り乱し素足で駆けつけ殉死し、見る者はみなすすり泣いたと、大津皇子と山辺皇女が人々に慕われた悲劇の主人公であるかのような記述がみられるのである。

　もし、大津皇子が本当に謀反をくわだてたのなら非道な罪人として貶されるべきである。しかし逆にヒーローのように扱われているのはなぜなのだろうか。

　また、大津皇子とともに謀反に加わったとされた同調者30余人も捕らえられ、帳内《とねり》の礪杵道作《ときのみちつくり》が伊豆へ配流になり、新羅の僧・行心は罰するに忍びないと飛騨の寺へ移された。だが、それ以外の計画にくみした官吏や舎人たちは皇子に欺かれ、やむをえず従ったのだからと、罪を許された。

　大津皇子に対する早々の処罰と他の同調者に対する寛大な処置。この相矛盾する処分から見えてくるのは、謀反そのものが捏造された架空の出来事ではなかったのかという疑問だ。首謀者は大津皇子ただひとり葬ればそれでよかったということである。

　では、この謀反劇の真相はどのようなものだったのか。大津皇子の存在をいちばん恐れていたのは誰か。捏造の首謀者は、大津皇子の母・大田皇女の妹であり草壁皇子の母である鸕野皇女(持統天皇)とする説が有力である。

　草壁皇子が皇太子となったのは天武10年（681）。天武天皇は草壁皇子に一切の政務にあずからせることを公にした。しかし、天武13年、大津皇子が朝政に参画してくるのである。凡庸な皇太子・草壁に対して、朝野の人望が高い大津皇子の処遇を天武天皇は無視できなくなったのだろう。天武天皇が薨去する2年前のことだ。

　我が子が皇太子であるにもかかわらず、諸王や諸臣たちの次期天皇として大津皇子に期待する声が高いのを知ることとなり、草壁皇子の母である鸕野皇女は居ても立ってもいられなくなったという

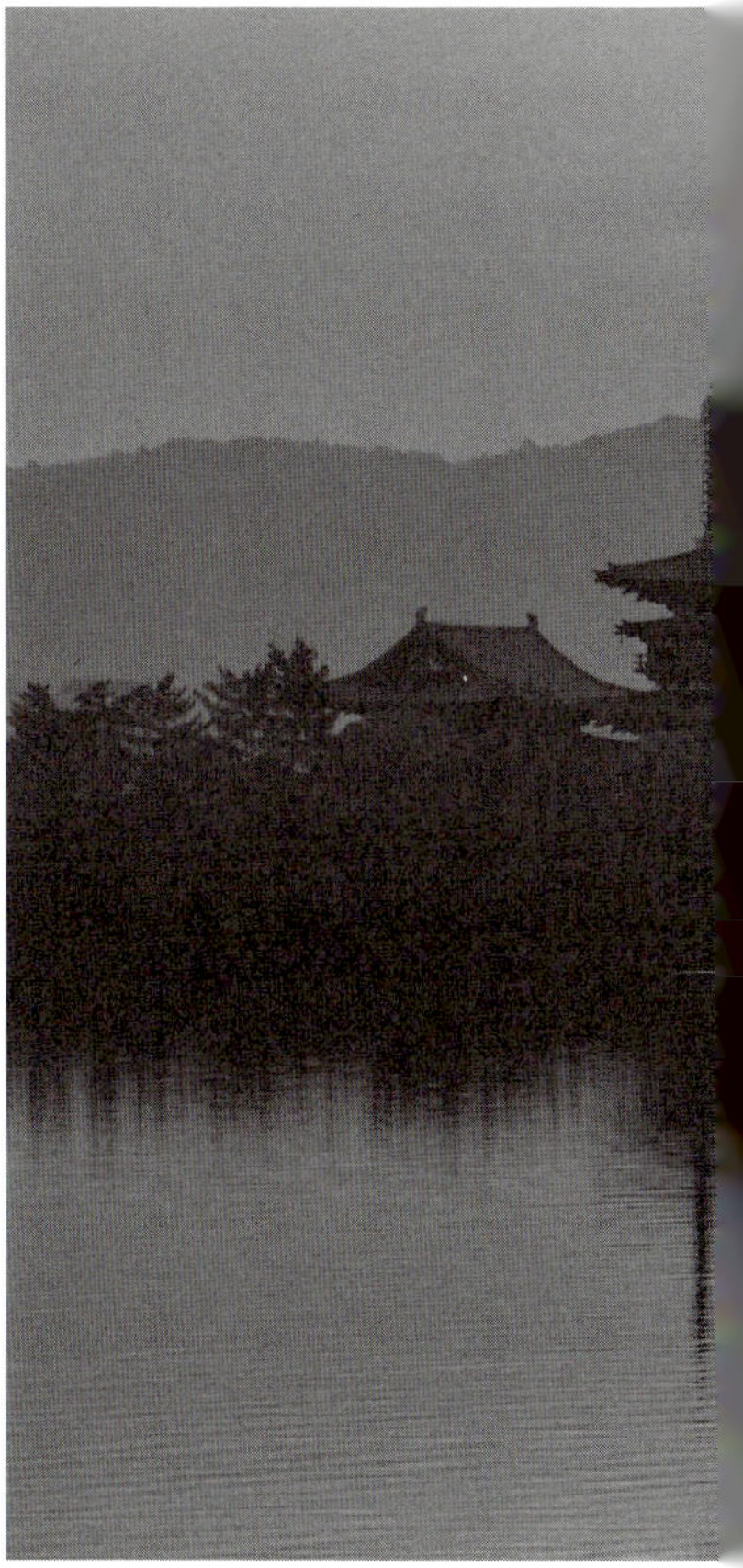

わけだ。しかし、母である大田皇女を亡くし、後ろ盾がない大津皇子が天皇になれるはずがない。
　天武天皇が亡くなれば問題なく草壁皇子が即位することになるにもかかわらず、大津皇子を生かしておくことができずに罠にはめて謀反の濡れ衣を着せ、葬り去ったというのである。

大津皇子は悪竜になり毒を吐いた！

　大津皇子は、天武天皇の崩御から謀反が発覚するまでのひと月にもならない短い期間に、伊勢神宮の斎宮をしていた自身の姉である大伯皇女《おおくのひめみこ》に会いに伊勢におもむいている。

　この行為を謀反をくわだてた証拠とみるむきもあるが、その逆に、身の危険を察した大津皇子が姉に助けを求めに行ったと考えられなくもない。

　そう考えられる理由としてあげられるのが薬師寺の存在だ。薬師寺建立は鸕野皇女が病に伏せたとき、天武天皇が発願したことに始まるとされる。100人の僧を得《とく》度《ど》させると皇后の病は癒えたという。その意志は継承され、文武2年（698）に薬師寺は完成する。薬師寺は天武と持統夫婦の絆の固さの象徴といえるだろう。

　その薬師寺の縁起に、大津皇子が死後悪竜になって飛び回り、毒を吐き、天下は騒然となった、とある。これは大津皇子の無念と怨念を認めるものだ。

　大津皇子謀反ののち3年後には、病弱だった草壁皇子も天皇に即位することなく28歳の若さで病死している。この草壁皇子の早すぎる死は、大津皇子の祟りと恐れられたのである。

　薬師寺では天武天皇の命日（10月10日、旧暦の9月9日）に天武忌が執り行われるが、その際、天武天皇と持統天皇、そして大津皇子の絵巻を大講堂にかかげ供養する。草壁皇子ではなく大津皇子を祀ること自体、その祟りを恐れていた証拠である。

　大津皇子の謀反が濡れ衣であったならば、大津皇子の無念の想いははかり知れない。大津皇子が自頸して果てたのち、その屍がどこに葬られたのかはわかっていない。ただ、埋葬されていた屍はそのひと月後に、大津皇子の姉である大伯皇女により葛城の二上山《ふたかみやま》に移し葬られたとされる。

〈うつそみの　人なるわれや
　明日よりは
　二上山を　弟世《いろせ》とわが見む〉

　万葉集に収められたこの歌で、大伯皇女は「この世に生きる私は明日からは二上山を弟として眺めよう」と語るのである。

　二上山は、ヤマトを代表する聖地である。その山頂に大津皇子は葬られたのだ。なぜ謀反人を一等地に埋葬できたのか。

　本来なら、謀反人を勝手に聖地に葬ることなど、許されるはずがない。ときの権力がこの行為を許したということは、みずからの側にやましい想いがあることを認めたということであろう。

　ヤマトの聖地・二上山で眠る大津皇子はいかような想いでこの不条理な死を受け入れたのか。死後に、悪竜となり毒を吐いたというのだから、自分に濡れ衣を着せ自害に追い込んだ策略者に対する怒りはすさまじいものがあったに違いない。

歌人・柿本人麻呂の死因とは?

神として祀られる柿本人麻呂の謎多き生涯

下級官人でありながら天皇や皇子の近くに仕え、宮廷歌人として知られる人麻呂。彼の死は本当に刑死だったのか。正史に現れない謎の歌人の生涯を辿る。

島根県益田市の高津柿本神社にある人麻呂の像。
写真提供／しまね観光ナビ

天武・持統朝で宮廷歌人として活躍

柿本人麻呂は飛鳥時代の宮廷歌人である。

紀貫之が『古今和歌集』の仮名序で、山部赤人《やまべのあかひと》と並ぶ「歌聖」と記したことでも知られる。

人麻呂の名声は『万葉集』のなかにもすでに見え、大伴家持《やかもち》は「山柿の門にいたらず」と記した。「山」は山部赤人（山上憶良《おくら》という説もある）、「柿」は柿本人麻呂を指す。「山柿の門」とは和歌の道をいい、手本とするべき歌人として名をあげているのである。

藤原俊成も『古来風躰抄《こらいふうていしょう》』で、人麻呂を学ばずに和歌を語ってはならないとまで述べた。

『古事記』によると、柿本氏は第5代孝昭《こうしょう》天皇の皇子天押帯《あめおしたらし》日子《ひこの》命《みこと》を祖とする家系である。また、奈良盆地に勢力を持った古代豪族・和邇《わに》氏の派生氏族の一つともいわれる。

人麻呂を知るには『万葉集』にあたるしかない。なぜなら『続日《しょくに》本紀《ほんぎ》』などの正史には、彼の名前がないからである。生没年も未詳。身分が低いため記録に残されなかったと考えるのが筋であるが、それにしては『万葉集』には人麻呂の歌が多く採られている。

人麻呂作と明記された歌は、長歌18首、短歌60首余りあり、『柿本朝臣人麻呂之歌集』から採られたものが364首ある。歌集の歌には人麻呂作と断定できないものもあるが、それでも3番目に多い大伴坂上《さかのうえの》郎女《いらつめ》が84首なので、この数は別格といえる。

ちなみにいちばん多く採られているのは、撰者の大伴家持の473首。坂上郎女は家持の叔母で、姑にもあたる血縁者である。撰者が気を使う必要もなかったはずの人麻呂の歌が群を抜いて多いのは、何か理由があったのではないだろうか。

人麻呂の歌でつくられた年代が確定できる歌は多くない。最初の作品は持統3年（689）、草壁

柿本人麻呂 歌碑

日本最古の道といわれる山の辺の道（奈良県桜井市）には、「山辺の道万葉歌碑」（写真下3点）が建てられている。また、葛城山やその麓の葛城市（写真上2点）ほか、各地に歌碑が建てられている。
写真提供／フォトライブラリー

皇子の薨去《こうきょ》によせられた挽歌である。

古代日本の歴史を変えた壬申《じんしん》の乱の当時、人麻呂は10歳前後だったと考えられている。壬申の乱とは、天智天皇崩御後、皇弟大海人皇子が太子大友皇子を倒して新政権を立てた内乱である。

大海人皇子は即位して天武天皇となり、のちに皇后が持統天皇となる。人麻呂は幼くして天智朝の崩壊を目の当たりにし、天武朝の発展期に青年時代を過ごし、持統朝で宮廷歌人として活躍した。

持統天皇は天武天皇の遺志を継ぐ政策をとり、彼女の最終的な願いは天武天皇との間に生まれた草壁皇子を天皇にすることだった。

だが、実姉大田皇女の生んだ大津皇子が優秀だったため、大津皇子は反逆の汚名を着せられ、死を賜ることとなる。甥を殺してまで、草壁皇子を即位させようとしたのに、草壁皇子も28歳で薨ずる。持統天皇の落胆はいかばかりだっただろう。

人麻呂は持統天皇に仕えていたから、そばで彼女の悲嘆を見たはずである。人麻呂が草壁皇子のためにつくった歌は、伝説的叙述で皇子の血統を神話化し、彼の鷹揚で優しい性格をたたえ、死を悼むものとなっている。

その7年後、人麻呂は再び挽歌を要請される。高市《たけち》皇子の薨去である。高市皇子は天武天皇の第一皇子であったが、みずからを「臣下」として皇位継承権を放棄していた。

持統天皇のもとで太政大臣となると、死を迎えるまで臣下の筆頭として任を尽くした。人麻呂は、19歳で壬申の乱に加わった高市皇子をたたえ、約150句からなる長歌を詠んだ。

壬申の乱の激しい戦いを息もつかせぬ語調で描写し、後半は葬送の静寂が続く。人々が嘆き、涙を枯らして、無言になっていく……そんな悲しみを込めた高市挽歌は万葉集屈指の作品とされる。

人麻呂は挽歌の天才といわれる

高津柿本神社

人麻呂が晩年を過ごした島根県には、人麻呂を祀る「柿本神社」が複数存在する。この神社は人麻呂の没後、聖武天皇の勅命で終焉の地・鴨島に建てられた小社が起源。

写真提供／しまね観光ナビ

が、それは持統天皇のそばにあって、ともに天武天皇への追憶に生きたからであった。

和歌の神にされ 伝説に彩られた人麻呂

人麻呂にはさまざまな伝説がつきまとう。例えば、『古今和歌集』の秘伝書『古今和歌集灌頂口伝《かんじょうくでん》』上の「五種人麿事」には次のような話が載っている。

天武天皇の時代、石見《いわみ》国に住む語家《かたらや》の庭に男が忽然《こつぜん》と現れた。親もなく、家もないという。歌が巧みなので、国司に会わせた。歌をつくらせると流れる水のように滞りない。国司はこの男のことを天皇にお伝えした。天皇はすぐにお召しになり、五位の官位を授けられた。男は柿の木の下に現れたので、姓を柿本とした、と。

他には、人麻呂は文武天皇の后と密通し、上総国山辺郡に流刑になった話も載せられている。

聖武天皇の時代になって、『万葉集』の選者を橘諸兄《もろえ》と大伴家持にしたが、判者がいない。ある人が「先帝の時代の人で、柿下人丸卿という人がいました。天下不思議な人で、和歌の神といわれるほどでしたが罪を犯して東国に流罪になっています。彼を判者にしてはいかがでしょう」という。「罪人に昇殿を許すのはいかがなものか」という意見があったが、諸兄公が「唐の国の白楽天《はくらくてん》も罪を犯して流刑になりましたが、白居《はくきょ》易《い》と名を変えて呼び戻されたといいます」といった。公卿も納得し、人丸を呼び戻して、姓名を変えて山辺赤人とさせた。だから、この2人は同じ人なのだという。

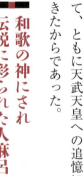

「権化人麿事」では、天照大神と住吉明神と人麿（人麻呂）が妙音菩薩の化身とされている。ここでは人麻呂は神格化され、両親も家もなく、ある日突然現れたものにされてしまった。さらに山部赤人と同一化され、２人の歌聖は入り混じる。人麻呂の歌の本質より、華麗な宮廷歌人としての幻影が人麻呂伝説を肥大化させていく。

いつどこで誰によって殺されたのか？

神にされた人麻呂には墓標すら必要ないのだろうか。現在でも人麻呂がどこで亡くなったのか判明しない。江戸時代の国学者、契《けい》沖《ちゅう》や賀茂真淵《かものまぶち》は、『万葉集』の詞書から石見国で客死したとし、それが従来の説であった。

哲学者の梅原猛は、人麻呂が石見国で自分の死にあたってつくったとされる歌の詞書に注目し、『水底の歌　柿本人麿論』を書いた。人麻呂は高官であり、何らかの罪によって死を命じられたとする。

柿本朝臣人麿、石見国に在りて死に臨めるとき、みずから傷みてつくる歌一首

〈鴨山の　岩根し枕ける
われをかも　知らにと妹が
まちつつあるらむ〉

（鴨山の岩を枕にして死のうとしている私のことを知らないで妻は待っているのであろう）

人麻呂は妻に自分の死を伝えられない、遠い場所にいる。これに対し、妻の依羅娘子《よさみのおとめ》はこう詠んだ。

〈今日《けふ》今日と　あが待つ君は
石川の　貝に交りて
ありと言はずやも〉

（今日こそ帰られるかと私がずっと待っていたあなたは石川の貝にまじってすでに亡くなられたというではありませんか）

人麻呂の死を知っての歌である。人麻呂の遺体は貝にまじっていることから、梅原猛は人麻呂が水死を賜ったのだと推理した。

人麻呂の終焉の地とされる場所は全国に７ヵ所以上あり、人麻呂を祀る神社も全国にある。

人が人を神として祀るのは、恨みを呑んで死んだものを恐れたときだ。梅原猛は、人麻呂に死を与えたのは藤原不比等とした。律令制をつくり上げ、藤原氏の権力が増そうとするときに、高位にあり王権賛美を貫く人麻呂が目ざわりだったというのである。

人麻呂の死には、何か不吉なものがある。そのため、人麻呂を神として祀り、また『万葉集』に歌を多く採ることによってその魂を鎮めようとしたのではないか。

都野津柿本神社

島根県鹿足郡津和野町にある神社。歌碑の横には、つい最近まで枝を傘のようにひろげた黒松の大木があった。これは樹齢800年以上と推定され、人麻呂が仮寓した記念として植えられたといういわれがあった。人麻呂の妻・依羅娘子ゆかりの地とも伝わる。

写真提供／しまね観光ナビ

呪いの裏に隠された藤原氏の暗躍

藤原四兄弟の死は無実の罪で殺された長屋王の怨霊が原因

平城京の左京三条二坊にあった邸宅で長屋王とその妻、４人の子供は無念の死をとげた。王の怒りは病と化し、みずからを陥れた藤原四兄弟に復讐したという。

平城京大極殿（復元）

大極殿は正面約44m、側面約20m、地面からの高さ約27m。朱色の柱は直径70cmで、44本からなる。天皇の即位や元日の朝賀《ちょうが》など、国家的な儀式が行われる重要な建物である。儀式の際には、内部に天皇の座が置かれる。平城宮跡では、平城宮の正門である朱雀門なども復元されている。

写真提供／フォトライブラリー

藤原家の祖となった鎌足・不比等の父子

「源平藤橘」は日本の貴種名族の代表である。橘氏、平氏、源氏は臣籍降下《しんせきこうか》により賜った姓。藤原氏のみ臣下の姓である。いかにして藤原氏が皇室に娘を送り込み、強力な外戚として政治の実権を握ったかは説明の必要もないだろう。

藤原氏のもととなったのは、「乙巳《いっし》の変」「大化の改新」で有名な中臣鎌足《なかとみのかまたり》である。

『日本書紀』によると、鎌足は軽《かるの》皇子《みこ》とも親しく、「軽皇子が天下の王となることを阻むものはいないだろう」と言ったとされるが、裏を返せば「私が軽皇子を天皇にしてみせる」である。当時の政治は蘇我蝦夷《えみし》・入鹿《いるか》親子に専横されていた。

その言葉通り、鎌足は中大兄皇子（のちの天智天皇）とともに蘇我氏を滅ぼした。軽皇子は即位して孝徳《こうとく》天皇となる。中大兄皇子は皇太子となり、鎌足は内臣《うちつおみ》を任ぜられ、実質的に政治を動かす立場を手に入れた。

鎌足には真人《まひと》という息子がいた。真人は若くして仏門に入り、唐に渡っている。真人の母は阿倍氏の出で、孝徳天皇が皇子時代に寵妃にしていた。真人の実の父親が孝徳天皇だった可能性は高く、鎌足もそれを知ったうえで妻にしたものと思われる。

当時の常で、鎌足にはほかにも妻がいた。天智天皇から賜った美しい采女《うねめ》の安見児《やすみこ》と鏡王女《かがみのおおきみ》である。鏡王女は額田王《ぬかたのおおきみ》の姉にあたる。そして、鏡王女が生んだ息子こそ、鎌足の真の息子・不比等《ふひと》であった。

真人と不比等の年の差は15歳。鎌足が46歳のときの子である。

鎌足は不比等を優秀な政治家に育てるため英才教育を施した。幼い頃から、語学や文章、法律にも詳しい田辺家に預けたのである。田辺家は遣唐判官を出しており、唐や朝鮮半島の情報にも通じていた。僧にした真人とは大違いだ。

鎌足は死にあたって「生前は国家の役に立てなかった。葬儀は簡単にしてほしい」と言い残している。これに対して、天智天皇は鎌足に最高冠位である大織冠《たいしょくかん》と大《おお》臣《おみ》の位、さらに藤原の姓を授けた。不比等は父の死と引きかえに大きな財産を手に入れた。

不比等は20歳を過ぎた頃、蘇我連子《むらじこ》の娘・娼子《しょうし》と結婚した。2人の間には長男・武智麻呂《むちまろ》、房前《ふささき》が誕生する。娼子は若くしてこの世を去るが、不比等は5人の妻妾との間に4男5女をもうける。

不比等は4人の息子に徹底した宰相教育を施した。最終的に長男の武智麻呂は右大臣に、次男の房前は内臣となる。三男の宇合《うまかい》と四男の麻呂《まろ》は参議にとどまったが、武智麻呂と房前がいなければすぐにでも宰相になれる能力を持っていたという。

長女の宮子《みやこ》は文武天皇の夫人、三女の光明子《こうみょうし》は聖武天皇の皇后となり、次女の長娥子《ながこ》は長屋王《ながやのおおきみ》、四女の多比能《たびの》は葛城王《かつらぎのおおきみ》（橘諸兄《もろえ》）、五女は大伴古慈斐《こしび》に嫁いだ。

当時、中臣氏は藤原朝臣を名乗っていた。藤原朝臣の姓は鎌足個人に授けられたものである。それを鎌足の宗族全員に継承が許されるよう、天皇に許しを得ていたのだ。だが、文武天皇2年（698）に「藤原の姓は不比等とその子孫だけが許され、それ以外の一族は旧姓である中臣朝臣に戻すように」と詔が出た。

これをもって、不比等は中臣氏から独立し、新たに藤原氏を立ち上げたことになる。自分の子どもたちを適所に配置し、朝廷を自在に動かすことができる唯一の存在になったわけである。

謎に満ちた長屋王による謀反

不比等がつくり上げた藤原氏は朝廷と皇室にその根を張りめぐらせていく。

文武天皇に嫁いだ宮子が皇子を生んだ。首皇子《おびとのみこ》、のちの聖武天皇である。宮子は出産ののち精神

光明皇后

藤原不比等と犬養三千代の娘で、聖武天皇の后。皇族以外で初めて皇后となった。

菊池契月画、長野県信濃美術館所蔵

に変調をきたし、首皇子とも会わずに療養生活を送っている。

　聖武天皇に嫁いだのは、四兄弟の妹・光明子であった。彼女が生んだ皇子はすぐに皇太子に立てられたが、わずか2歳で亡くなってしまう。四兄弟にしてみれば、是が非でも妹が生んだ子を天皇にして、外戚としての権力を強固にしたかったはずである。

　それを阻んだのが、「皇后は皇族出身者から選ばれなくてはならない」という慣習であった。

　天皇の妻には4つの階級があり、皇后、妃、夫人、嬪《ひん》となる。皇后と妃は皇族出身、夫人は三位以上の臣下の娘、嬪はそれ以下である。藤原氏出身の光明子が皇后になれる道理はない。

　不比等が亡くなったあと、四兄弟の上にいたのが長屋王である。長屋王は父に高市皇子、母に御名《みな》部皇女《べのひめみこ》（天智天皇の娘）という素晴らしい血統を持つ。

　妻は吉備内親王。彼女は元明《げんめい》天皇の娘であり、聖武天皇の叔母にあたる。四兄弟の妹の長娥子も長屋王に嫁いでいるが、家柄ではかなわない。その長屋王が反藤原氏の筆頭として光明子の皇后擁立に反対すれば、かなり厄介である。聖武天皇に皇太子がいない今、長屋王自身が皇位継承者となる可能性もあるのだ。

　事件の発端となったのは宮子の称号問題であった。聖武天皇は即位にあたって、生母の宮子を「大《だい》夫人《ぶにん》」と称するように命じた。ここで長屋王は「律令によれば『皇《こう》太夫人《たいふじん》』にすべきです」と意見したのである。

　宮子が皇族でないため、聖武天皇があえて「皇」を使わなかったことにかこつけて、藤原氏に圧力をかけたのだといわれている。聖武天皇は、文書では「皇太夫人」とし、口頭では「大夫人」ではなく「大御祖《おおみおや》」と称するように指示を出し直さねばならなかった。ただ、律令では「夫人」であった女性の子どもが即位すれば、「皇太夫人」となることが規定されている。「皇太夫人にすべき」という長屋王の意見は正論なのである。それを意図的に「大夫人」にしたのは、宮子と顔を合わせずに育った聖武天皇の鬱屈した気持ちの表れだろう。

『続日本紀』によると、神亀6年（729）2月10日、「長屋王は左道を学んで国家を傾けようとしている」との密告が入ったとある。左道とは人を呪う異端の術である。皇太子が亡くなったのもこの呪いのせいだという。

長屋王の罪は、律によって死罪に定められた「八逆《はちぎゃく》」の第一である謀反とされた。その夜のうちに長屋王邸は取り囲まれ、翌日には宮廷の重鎮たちが長屋王を尋問。12日には長屋王は聖武天皇から死を命じられ、何の弁明も許されず自死に至る。

13日、長屋王と吉備内親王は、生駒山に埋葬された。

聖武天皇からは「吉備内親王には罪はないので通常の葬礼を行うように。長屋王は罪人だが葬礼を醜くすることがないように」との勅が出された。

長屋王の死後間もなく藤原四兄弟が病死

長屋王の死から約半年後の8月10日、聖武天皇の夫人・光明子は皇后となった。

のちの詔で「元明天皇がこの皇后を私にくださったとき、『この娘の父である大臣（不比等）は天皇を敬い、朝廷に仕えてくれた。それを思えば、この娘に過ちがなく罪がない限り、お見捨てになってはいけませんよ』といわれた。6年様子を見て、彼女以外に皇后にふさわしいものがいないとわかった。かつて、仁徳天皇も磐之《いわの》媛《ひめ》を皇后にされ、ともに天下をお治めになったではないか。皇族でないものを皇后にすることは先例もあるのだ」と説明した。

そうはいっても、唯一といえるほどの古い例を持ち出さなくてはならないほど、稀なことである。聖武天皇はよほど光明子を皇后に立てたかったのだろう。

以降、藤原四兄弟は出世を続ける。武智麻呂は大納言に昇進し、政府の首班に立った。房前・宇合・麻呂も揃って参議である。光明子の立后と相まって、まさに藤原氏全盛の時代を迎える。

だが、そう喜んでもいられない。世間では天変地異が続き、大宰府では天然痘が発生。恐るべき疫病《えきびょう》は都にも蔓延しつつあった。

天平9年（737）4月に房前が、7月に麻呂と武智麻呂、8月には宇合……四兄弟全員があっけなく病死してしまう。

人々は、この異変は長屋王の祟りではないかと噂した。『日本霊異記』『今昔物語集』に描かれる悪鬼となった長屋王の姿は、あさましいほどだ。

天平10年（738）には、長屋王を死に追いやった密告が誣告《ぶこく》だったことが明らかになる。

事件から10年経ってようやく名誉が回復されたわけだが、長屋王の祟りという噂は、表だって藤原氏を糾弾できない勢力が、意図的に流したものだった可能性もある。歴史を注意深く読み解くと、敗者側の主張が見えてくるのだ。

長屋王歌碑

長屋王が藤原京にまだ住んでいた頃に詠んだ「味酒三輪の祝が山照らす秋の黄葉の散らまく惜しも」の歌碑。

「長屋王味酒三輪万葉歌碑」
写真提供／フォトライブラリー

日本の発展のため命を懸けて海を渡った男たち

祖国を思いながらも帰れなかった遣唐使

奈良・平安時代、すぐれた制度や文化を取り入れるため唐に派遣された遣唐使。それは祖国の土を踏むことなく無念の死をとげた男たちの歴史でもあった。

遣唐使船（復元）

遣唐使を運んだ船に関する史料はほとんど残っておらず、「約600人を４隻の船で派遣した」などという記録をもとに平城京跡の隣に復元された。

写真提供／フォトライブラリー

危険をかえりみず海を渡った男たち

まだ海を渡るのに困難をきわめた時代。恋人や家族を残し、みずからの命をもかえりみず、日本の発展のため、大陸に渡った男たちがいた。

遣唐使は遣隋使に引き続き舒明《じょめい》2年（630）、犬上御田鍬《いぬがみのみたすき》の派遣に始まり、寛平《かんぴょう》6年（894）に菅原道真の建議によって廃止されるまで、20回（中止、送唐客使などの数え方により諸説ある）、当時の中国・唐に派遣された使節である。

遣唐使船には、使・副使、その下に判官・録事、そして知乗船事・造船都匠・訳語・医師・陰陽師など、多くの役職の者たちが乗船した。また、これに留学生・留学僧らが加わり、1隻に120人ほどもの大勢の人たちが乗り込んでいたのである。

当初は1隻か2隻の帆船で渡海したが、8世紀に入ると4隻となり、多い時は一行全員で500〜600人にもなった。

船の数や派遣人数を増加させた目的は、当時は造船技術や航海術が未熟で暴風雨などにより難破漂流することも珍しくなかったので、1隻でも多く唐に到着できるようにするためでもあった。8世紀の遣唐使派遣で無事に往復できたのは1回だけという、まさに命懸けの旅だったのだ。

遣唐使船の大きさは長さが30メートル、幅7〜9メートル、排水量約300トン、帆柱2本の平底箱型で、鉄釘はほとんど用いられず平板をつぎあわせて造られていた。そのため波切りが悪く、不安定で、強風や波浪に弱いという欠点があった。

遣唐使は朝貢使という性格上、元日朝賀に出席するには、12月までに唐の都へ入京する必要がある。そのため、気象条件の悪い6月から7月頃に日本を出航し、同じく気象条件のよくない季節に帰国せざるを得なかった。渡海中の水没、遭難が頻発したのは当然なのだ。

円仁《えんにん》が記した『入唐求法巡礼《にっとうぐほうじゅんれい》行記《こうき》』によると、糒《ほしい》（蒸米を乾かした携帯・保存食）と生水のみで飢えをしのぎながら、風雨、高浪を乗り越えなければならず、航行中に重病になれば異国に置き去りにされることもあったという。

航路は大きく3つあり、初期は難波三津浦（大阪）を出発し、瀬戸内海を通って筑紫《つくし》博多津（福岡）に入り、壱岐・対馬を経由。朝鮮半島の西岸沿いの百済《くだら》・新羅《しらぎ》の領海を北上、黄海を横断して山東半島に上陸する「北路」がとられた。

しかし、天智2年（663）、白村江《はくすきのえ》の戦いで百済・倭国連合軍が敗れて以降、新羅との関係が悪化したため、8世紀初頭から中頃までは九州から南下し南西諸島などを経由して東シナ海を横断し揚子江の河口をめざす「南島路」がとられた。所要時間は北路とほぼ同じだったが、外洋を渡ることから危険が多く遭難率が上がった。

そして8世紀後半から選ばれたのが五島列島を経由する「南路」だ。筑紫博多津（福岡）を出航し、美弥良久《みねらく》の崎（三井楽《みいらく》柏崎）から一気に東シナ海を横断し中国大陸をめざすもので、うまくいけば航海期間を大幅に短縮できる最短のコースだった。しかし、外洋を最も長く航海するため、非常に危険性の高い航路でもあった。

遣唐使遭難の最初の事例は白雉《はくち》5年（654）の第2回・復路でのことだった。第2船が薩摩近海で遭難し、120名中生存者5名という悲劇に見舞われている。

失明しながらも渡来した鑑真和上

遣唐使の航海が困難をきわめた事例として有名なのが、鑑真和上《がんじんわじょう》の来日にまつわる逸話であろう。鑑真は僧を志す者に「律」を授ける儀式、「授戒」の制度を日本に伝承させるために渡来した。

苦難の旅は、興福寺の2名の僧侶、栄叡《ようえい》と普照《ふしょう》が遣唐使船で渡航するところから始まる。

天平5年（733）、興福寺の2名の僧侶を乗せた第9次遣唐使は無事に大陸に到着する。年月は要したが名僧・鑑真と出逢い、本人の了承を得て日本に連れ帰ることとなる。

だが、遭難の危険がある日本への渡航を反対する者は多かった。しかも、唐の第6代皇帝の玄宗が、鑑真の人徳を惜しみ渡日を許さない。そこで、出国は極秘で行われることになった。

1度目の挑戦は天平15年（743）、鑑真が55歳のときだった。当時、密出国の最高刑は死罪だっが。しかし、鑑真は臆することなく、上海南方の霊峰・天台山に参詣するふりをして、日本に進路をとる作戦を立てた。

しかし、この計画は渡航を迷っていた鑑真の弟子が密告。「日本人僧の正体は海賊」という偽情報まで港の役人に流され、失敗に終わる。栄叡と普照は検挙され、4ヵ月を獄中で過ごすことになった。

その後も幾多の苦難が襲いかかるが、最大の悲劇は5度目の挑戦、天平20年（748）、鑑真が60歳のときに起こった。

鑑真らを乗せた密航船は、巨大暴風雨の直撃を受け、半月間も漂流。遠く海南島（ベトナム沖）まで流されてしまう。その後、揚州に引き返す途中、過酷な旅と南方の酷暑で体力を消耗した栄叡が他界する。遣唐使船で大陸に渡って15年、栄叡はついに祖国の地を踏むことなく息を引き取った。そればかりか、鑑真自身もまた眼病を患い、失明してしまう。

阿倍仲麻呂記念碑

中国・西安市に建てられた阿倍仲麻呂記念碑。
写真提供／フォトライブラリー

鑑真の渡来計画は、6度目の天平勝宝5年（753）、65歳で成就する。予算不足で途絶えていた遣唐使船が、20年ぶりにやって来たのである。

日本側は鑑真と弟子5人を非合法に連れ出す作戦に出る。遣唐使船は4隻600人の大船団。「1隻でも日本に辿り着ければ仏法を伝授できるように」と、鑑真と弟子らは別れて乗船した。11月16日に出航し東シナ海を北上。嵐に遭遇し大使の船は南洋に流されたが、鑑真と普照の乗った副大使の船は持ちこたえ、1ヵ月後の12月20日に薩摩の地を踏んだ。

第1回の密航計画から11年、6度目の正直で悲願は達成された。

鑑真と同じ遣唐使船団として、日本を目指しながらも南洋に流されてしまった大使の船には、藤原清河《きよかわ》や阿倍仲麻呂が乗っていた。結局、彼らは日本に帰国することができず、唐に引き返し生涯を終えている。天平宝字3年（759）には、藤原清河を迎えるため、迎入唐使が派遣されているが、中国で安禄山《あんろくざん》の反乱が起こり、帰国は叶わなかった。

延暦《えんりゃく》23年（804）の遣唐使船では、最澄《さいちょう》と空海《くうかい》が唐に渡り、仏教の新派・密教（天台宗・真言宗）を日本に持ち帰っている。このときも途中で嵐に遭遇し、第3船・第4船は遭難。空海の乗った第1船も、大きく航路を逸れて福州長渓県《ちょうけいけん》赤岸鎮《せきがんちん》に漂着する。空海は海賊の嫌疑をかけられ、疑いが晴れるまで、約50日間待機させられてしまう。

最後の遣唐使派遣となった承和《じょうわ》5年（838）でも、1度目の渡海で遭難し百十数名の犠牲者を出し、結局は2度渡航に失敗している。3度目の渡航を前にして副使の小野篁らの乗船拒否という異常事態にも見舞われ、復路においても難破漂流により、100名を超す死没者をだしたのだった。

海の底に眠る遣唐使たちの魂の行方は

「姓は井　あざなは真成　出国は日本と号す」

2004年、中国の西安で無名の日本人の名が刻まれた墓誌が発見された。その墓誌は日本という国名が記された、もっとも古い資料でもある。これまで歴史の表舞台に登場することのなかった未知の人物・井真成は、霊亀《れいき》3年（717）に19歳にして阿倍仲麻呂や吉備真備たちとともに唐に渡った遣唐使の一人であった。

この墓誌に関する研究が始まってまだ日は浅いが、葛井寺《ふじいでら》の創建

「皇国二十四功・吉備大臣」
国立国会図書館所蔵

遣唐使船の寄港地

長崎県五島市の魚津ヶ崎は、遣唐使船が日本を出る際の最後の寄港地だった。深い入り江を持つ山に囲まれた地形は、東シナ海からの風と波を防ぐ、天然の良港だった。一帯は現在、魚津ヶ崎公園となっている。
写真提供／フォトライブラリー

にかかわった渡来系氏族の葛井氏で、井真成は「ふじいのまなり」という名前だったのではないかとする説が有力である。

井真成の墓誌には、真成は礼儀正しく勤勉で、朝服姿で官廷にたてば誰も並び比べる者がなかったという称賛の言葉とともに、末尾に「魂は故郷に帰らんことを庶《こいねが》う」という望郷の想いが綴られている。この文面から、異国で死んだ真成へ対する、墓誌作者の同情の気持ちが伝わってくる。

志半ばで母国に戻ることなく異国で死を迎えた真成だが、墓誌に記されただけまだ恵まれた存在だったのかもしれない。多くの遣唐使たちが、無念の思いを残したまま歴史に名を残すことなく中国の地に骨を埋めた。もちろん、それ以上に多くの遣唐使たちが、大地に葬られることなく海の底に眠っている。当時の日本の発展、仏教の広がりは、彼らの犠牲のうえに成り立っているといっていいだろう。

モノの値段、給金、建築費など
お金の日本史

今も残る巨大建造物の建造費はいくらだったのか？　当時の給料や生活費はどのくらいだったのか？　歴史をお金で換算してみよう。

奈良の大仏の建造費

高さ14.7m、基壇の周囲は70mという巨大建造物、東大寺の盧舎那仏。国家鎮護を願って聖武天皇が進めた大事業だが、これがかえって人々を苦しめた。その材料は、銅444トン、金0.4トン、水銀7.6トン。原材料費だけでも1000億円にもなる。インフレで貨幣は信用を失い、経済は大混乱。以後、近世まで日本でお金がつくられなくなる一因となった。

奈良時代の食堂のお値段は？

日本最初のレストランは、実は皇族が経営したものだったといわれている。それが奈良時代の長屋王で、天武天皇の孫にあたり、左大臣までのぼりつめた人物だ。近年、長屋王の邸宅跡から大量の木簡が出土。そのなかに、大量の米や酒を取引した記録が残っていた。それによれば約15万円ほど仕入れたようで、なかなかに流行っていたようだ。

外国の要人接待費は意外に安い？

江戸時代には朝鮮通信使と呼ばれる使節がたびたび来日した。9代将軍・家重の時代には、姫路藩が接待を命じられたが、使節400人の饗応に3万両が使われた。これは約12億円。参勤交代で加賀藩が一度に20億円かけたことを考えれば、安いともいえる？

イラスト／清水蔵之臣、リーカオ

金閣寺は400億円

南北朝の内乱を統一した室町幕府の3代将軍・足利義満が建てた金閣寺(鹿苑寺)。もともとは西園寺家の山荘だったのを改築した3層の楼閣で、柱や壁、外壁に金箔が施されている。細部まで凝りに凝ったつくりで、その造営費は100万貫。現在の400億円にもなるとみられる。

戦争は儲かるのか?

戦国武将の収入といえば、安定したものでは領地からの税がある。1貫を1石=10万として計算すれば、300貫で3000万円。ただ、いざ戦いになった場合、知行に合わせて人を出さなければならない。200貫でおよそ40人。彼らへの給料も負担となるので、意外と懐は厳しかった。ただ、今川義元の首が9000万円など、大きな戦いではビッグボーナスが期待できた。

万病の薬は1000万円

江戸時代、万病の薬といわれた「高麗人参(朝鮮人参)」。病気の親の薬代のために娘が遊女となる……時代劇の鉄板ストーリーだろう。高麗人参の価格は、江戸時代後期に最高値を記録した。その値段は1斤(600g)1000万円。当時は医者にかかるだけでも最低で1万円、御殿医クラスだと20万円もかかった。貧しい庶民は100円程度の売薬で我慢するしかなかった。

※下記の埴輪は古墳には含まれません。埴輪はオプションとなります。

流刑先での生活費

後鳥羽上皇をはじめ、天皇や皇子もときに島流しの刑に処された。裕福な暮らしに慣れた彼らが、都から離れた島で暮らしていけたのか。実は身分が高い人物の場合、地元民からも大切にされ、困ることはなかったようだ。平安時代の法律によると、流人には1日に米1升と塩1勺《しゃく》を国から支給されたという。

立派なお墓にはお金がかかる?

ピラミッドに並ぶ巨大建造物である仁徳天皇陵(大山古墳)。日本の古墳の中でも最大のものといわれ、敷地面積は47万8000㎡。その工事費は、大手建設会社の大林組が試算したところ、現在なら20億円、当時の技術だと796億円に達するという。ちなみに、これには埴輪などの製造費60億円は含まれていない。

日本史珍百景

縄文人の個性が光る土偶ちゃんたち

土偶八選

およそ1万3000年前からつくられるようになった土偶。ほとんどが女性像とみられるが、地域や時代によって実にさまざまな姿をしている。そこで国宝・国の重要文化財の8点を紹介。縄文人の美意識はどのようなものだったのか。想像しながら見ていこう。

一 ハート形土偶 重文

乳房の間にへそと見られる小さな穴があり、そこから下がる線は妊娠線と考えられる。ハート形の顔やアーチ状で表現された足腰は、見事な造形美といえよう。
縄文時代後期（前2000～前1000）、群馬県東吾妻町郷原出土、個人蔵　写真提供／東吾妻町教育委員会

二 合掌土偶 国宝

神に祈りを捧げているかのように座り込み合掌している。出産の様子を模したとも。独特の顔の表現から、仮面をつけているという説もある。
縄文時代後期（前2000～前1000）、青森県八戸市風張1遺跡出土、八戸市埋蔵文化財センター是川縄文館所蔵

三 遮光器土偶 重文

写真はレプリカ

眼鏡をかけているように大きく表現された目が、イヌイットが雪中の光除けに着用した「遮光器」に似ていることからその名がついた。東北地方の晩期土偶に多い様式。
縄文時代晩期（前1000～前400）、青森県つがる市亀ヶ岡遺跡出土
写真提供／つがる市教育委員会（実物は東京国立博物館所蔵）

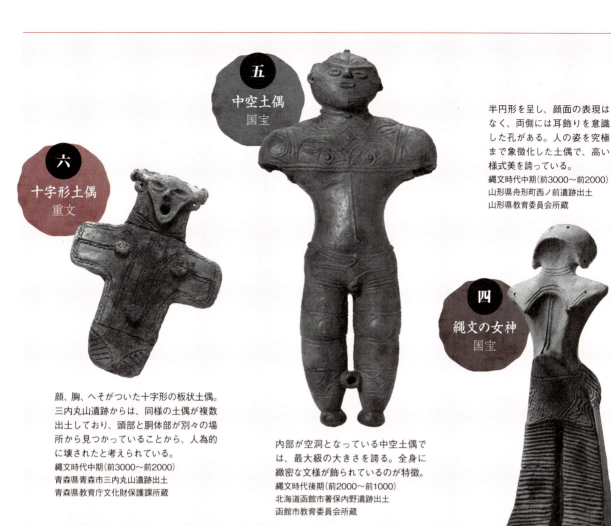

四 縄文の女神 国宝

半円形を呈し、顔面の表現はなく、両側には耳飾りを意識した孔がある。人の姿を究極まで象徴化した土偶で、高い様式美を誇っている。
縄文時代中期（前3000～前2000）
山形県舟形町西ノ前遺跡出土
山形県教育委員会所蔵

五 中空土偶 国宝

内部が空洞となっている中空土偶では、最大級の大きさを誇る。全身に緻密な文様が飾られているのが特徴。
縄文時代後期（前2000～前1000）
北海道函館市著保内野遺跡出土
函館市教育委員会所蔵

六 十字形土偶 重文

顔、胸、へそがついた十字形の板状土偶。三内丸山遺跡からは、同様の土偶が複数出土しており、頭部と胴体部が別々の場所から見つかっていることから、人為的に壊されたと考えられている。
縄文時代中期（前3000～前2000）
青森県青森市三内丸山遺跡出土
青森県教育庁文化財保護課所蔵

七 縄文のビーナス 国宝

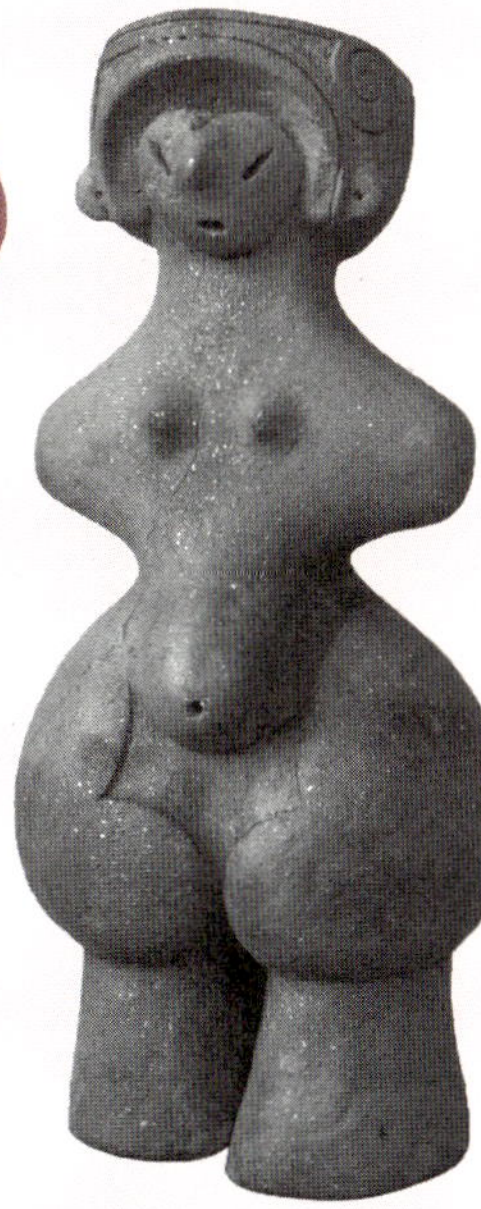

ふくよかな女性の身体を柔らかい曲線となめらかな器面で表現。多産や豊穣の祈りを込めた土偶の美を代表するものといえる。
長野県棚畑遺跡出土
縄文時代中期
茅野市尖石縄文考古館所蔵

八 仮面の女神 重文

墓の副葬品として納められたとみられる珍しい大型土偶。逆三角形の顔の表現が独特で、足、体部、頭部は中空で、体部のタスキをかけたような文様が特徴的。
縄文時代後期（前2000～前1000）
長野県茅野市中ッ原遺跡出土、茅野市尖石縄文考古館所蔵

●参考文献

『日本史』宮地正人編、山川出版社／『詳説日本史研究』佐藤信・高埜利彦・鳥海靖・五味文彦編、山川出版社／『日本史広辞典』日本史広辞典編集委員会、山川出版社／『詳説日本史史料集』笹山晴生編、山川出版社／『総図解 よくわかる天皇家の歴史』「歴史読本」編集部編、新人物往来社／『物語と写真でわかる天皇家の歴史』今谷明監修、新人物往来社／『日本の歴史<4>平安京』北山茂夫、中央公論新社／『日本キリスト教史』五野井隆史、吉川弘文館／『日本史のなかのキリスト教』長島総一郎、PHP新書／『武器・十字架と戦国日本』高橋裕史、洋泉社／『完訳フロイス日本史4 豊臣秀吉篇Ⅰ 秀吉の天下統一と高山右近の追放』ルイス・フロイス、松田毅一・川崎桃太訳、中公文庫／『その後の慶喜 大正まで生きた将軍』家近良樹、講談社選書メチエ／『それからの海舟』半藤一利、筑摩書房／『福澤諭吉 文明の政治には六つの要訣あり』平山洋、ミネルヴァ書房／『清水次郎長と明治維新』田口英爾、新人物往来社／『武田勝頼 日本にかくれなき弓取』笹本正治、ミネルヴァ書房／『大和の豪族と渡来人 葛城・蘇我氏と大伴・物部氏』加藤謙吉、吉川弘文館／『怨霊になった天皇』竹田恒泰、小学館文庫／『人物叢書 高山右近』海老沢有道、吉川弘文館／『呪術と怨霊の天皇史』「歴史読本」編集部、新人物往来社／『武将の末裔―史上初！子孫52人の秘話と秘宝 決定版』週刊朝日ムック／『まるごとわかる！千利休と茶の湯』Gakken Mook CARTAシリーズ／『歴史REAL敗者の日本史』洋泉社MOOK 歴史REAL／『別冊宝島2128 完全保存版 天皇125代』宝島社／『別冊宝島2108 完全図解 日本の古代史』瀧音能之監修、宝島社／『図解 千利休99の謎』日本歴史楽会、宝島社

●写真協力

足羽神社（福井県）／会津若松観光ビューロー（福井県）／青森県教育庁／天草市立天草キリシタン館（熊本県）／伊根浦ゆっくり観光の会（京都府）／茨城県立歴史館（茨城県）／岩手県教育委員会／上杉神社（山形県）／上田市マルチメディア情報センター（長野県）／上田市立博物館（長野県）／大洗町教育委員会（茨城県）／大阪城天守閣（大阪府）／大津市歴史博物館（滋賀県）／株式会社アフロ（東京都）／株式会社DNPアートコミュニケーションズ（東京都）／川越喜多院（埼玉県）／寛永寺（東京都）／国立公文書館（東京都）／国立国会図書館（東京都）／国立天文台（東京都）／堺市博物館（大阪府）／佐賀県立名護屋城博物館／静岡県静岡市／島根県観光振興課／清浄光寺（遊行寺）（神奈川県）／神宮徴古館農業館（三重県）／仙台市天文台（宮城県）／茅野市尖石縄文考古館（長野県）／千葉県香取市伊能忠敬記念館／千葉県立中央博物館大多喜城分館／つがる市教育委員会（青森県）／長野県信濃美術館　東山魁夷館／長野市教育委員会（長野県）／長浜市教育委員会（滋賀県）／鍋島報效会（佐賀県）／南蛮文化館（大阪府）／日光東照宮（栃木県）／如意輪寺（奈良県）／函館市教育委員会（北海道）／八戸市埋蔵文化財センター是川縄文館（青森県）／林原美術館（岡山県）／東吾妻町教育委員会（群馬県）／彦根城博物館（滋賀県）／平賀源内先生顕彰会（香川県）／福岡市博物館（福岡県）／防衛省防衛研究所（東京都）／松浦市教育委員会（長崎県）／三沢市先人記念館（青森県）／南島原市教育委員会（長崎県）／みやざき観光コンベンション協会（宮崎県）／盛岡市歴史文化館（岩手県）／山形県立博物館／山梨県立博物館／フォトライブラリー

スタッフ

●企画・編集
株式会社グレイル
石川夏子

●執筆
常井宏平
吉田龍司
小田真理子
岡林秀明
安田峰俊

●編集アシスタント
及川有加子

●表紙・本文デザイン
喜安理絵

教科書には載らない真実の日本史

（きょうかしょにはのらないしんじつのにほんし）

2015年12月25日　第1刷発行
2020年 9月25日　第2刷発行

編　者　別冊宝島編集部
発行人　蓮見清一
発行所　株式会社宝島社
〒102-8388　東京都千代田区一番町25番地
電話：営業03(3234)4621
編集03(3239)0069
https://tkj.jp
振替：00170-1-170829(株)宝島社
印刷・製本　株式会社廣済堂

ISBN978-4-8002-4804-6